Edgar Feuchtwanger

Als Hitler unser Nachbar war

Edgar Feuchtwanger
mit Bertil Scali

Als Hitler unser Nachbar war

Erinnerungen an meine Kindheit im Nationalsozialismus

Aus dem Französischen von Antje Peter
Mit einem Nachwort von Bertil Scali

Siedler

1929

Als glückliche Bestimmung gilt es mir heute, daß das Schicksal mir zum Geburtsort gerade Braunau am Inn zuwies. Liegt doch dieses Städtchen an der Grenze jener zwei deutschen Staaten, deren Wiedervereinigung mindestens uns Jüngeren als eine mit allen Mitteln durchzuführende Lebensaufgabe erscheint!

Adolf Hitler, erster Satz aus *Mein Kampf*

ICH HABE ES GERN, wenn sie mir dieses Klavierstück vorspielt. Es ist ein Menuett. Sie hat mir gesagt, dass Mozart es in meinem Alter komponiert hat. Ich bin fünf Jahre alt. Ich höre die Melodie, sie ist sehr hübsch. Ich möchte tanzen. Am Boden ausgestreckt, schwimme ich auf dem Parkett, als wäre es ein See. Die Sessel sind Boote, das Sofa eine Insel und der Tisch ein Schloss. Wenn Mama mich sieht, wird sie mich ausschimpfen und sagen, dass ich meinen Anzug schmutzig mache. Das ist mir egal. Jedenfalls stört es mich nicht. Jetzt liege ich bäuchlings auf dem Stuhl. Mit meiner Flinte bewaffnet, fürchte ich mich nicht vor dem Angriff der Franzosen. Ich bleibe im Versteck.

Heute Morgen habe ich mich wieder gefürchtet, als die armen Leute an der Tür geklingelt haben, unten, bei Frau Heckelmann. Mama ist hinuntergegangen, und ich habe alles von oben, von der Treppe aus, beobachtet. Sie hatten Bärte, ihre Kleidung war zerrissen. Sie wollten Geld. Sie verkauften Schnürsenkel. Mama kam wieder hoch und ging an mir vorbei, ohne mich zu bemerken, nahm einen Laib Brot, wie ich ihn mag, frisch und knusprig, mit einer goldgelben Kruste, die oben geflochten ist wie Mädchenzöpfe, und dann ging sie wieder hinunter. Als sie den Armen das Brot gab, lächelten sie ihr zu und gingen wieder zurück auf die Straße.

Am Nachmittag kamen andere. Mama spielte noch Klavier, immer noch dieses Stück, das am Ende so schnell wird, sie lachte und ich drehte mich im Kreis, während das Stück vorüberflog.

Die Bettler sind wiedergekommen. Ich habe gehört, wie sie an die Tür trommelten. Mama unterbrach ihr Spiel und machte ihnen auf. Einer von ihnen schrie laut. Er meinte, dass man ihnen das Haus weggenommen habe und die Ersparnisse, und dass sie auf der Straße stünden mit ihren Kindern. Er sagte, es sei wegen der Juden. Ich habe Angst bekommen und wollte losweinen. Mama war freundlich, und ein dicker Mann, der größer und kräftiger war als die anderen und einen langen weißen Bart hatte, sagte, er kenne sie. Er rief:

– Das ist eine Feuchtwanger!

Er zerrte an dem Giftzwerg, der im Hintergrund brüllte und erklärte, er habe Onkel Lion kennengelernt und sogar seine Bücher gelesen. Ich war oben in meinem Versteck und lag mit meiner Flinte auf der Lauer. Ich wäre gern unsichtbar gewesen wie in dem Buch, das mir abends vorgelesen wird. Der Bärtige zwinkerte mir zu und sagte zu dem Kleinen, dass er ihm auf die Nerven gehe mit seinen Judengeschichten. Mama dankte ihm freundlich und bat Rosie, etwas Wurst zu holen. Rosie, das ist mein Kindermädchen. Sie ging an mir vorbei, ich robbte auf dem Boden herum wie ein Soldat und sie sah mich nicht. Ihre weiße Schürze und das schwarze Kleid raschelten. Ich kroch auf einen Stuhl und sah, wie sie in die Küche ging. Sie murmelte etwas im Dialekt, in dieser anderen Sprache, die sie spricht, wenn niemand sie hört. Sie schimpfte über die Armen, nannte sie Dummköpfe und fluchte, so viel Wurst habe man schließlich auch nicht und sie wisse nicht, was man nun zu Abend essen solle. Sie kam zurück mit der Wurst und lächelte dem großen Mann zu. Er bedankte sich bei ihr, segnete meine Mutter und ging mit seinen Leuten davon.

Mama sprach mit Tante Bobbie, unserer Nachbarin von oben, die heruntergekommen war. Ich konnte nicht viel verstehen. Ich glaube, Tante Bobbie sagte zu ihr, dass wir noch Probleme bekommen würden wegen meines Onkels, wenn er nicht aufpasste mit seinen Büchern. Onkel Lion ist Schriftsteller. Er denkt sich Geschichten für die Großen aus. Mama lächelte Tante Bobbie zu und versprach ihr, Onkel Lion zu warnen. Sie versuchte, sie zu beruhigen, und riet ihr, sich keine Sorgen zu machen, die Bettler da draußen seien nichts als arme Schlucker, die erst im Krieg waren und dann alles verloren hatten. Ich rannte zum Fenster, um ihnen nachzusehen. Sie klingelten am Haus gegenüber und bildeten zusammen mit ein paar anderen einen kleinen Trupp.

Seit heute Morgen beobachte ich die Armen vom Fenster aus. Sie sind unten am Haus. Und wenn sie angreifen? Ich habe meine Flinte! Mama hat mich gesehen. Sie lächelte mir zu und kam zu mir, schloss die Vorhänge und sagte, es gebe gleich einen Nachmittagsimbiss. Ich habe sie gefragt, was ein Jude sei, und sie flüsterte mir ins Ohr, ich sei noch zu klein, um das zu verstehen.

Ich bin vielleicht erst fünf Jahre alt, aber ich verstehe alles. Ich weiß, was ein Jude ist! Einmal hat mein Vater darüber mit meiner Mutter gesprochen, und ich war dabei. Sie bat ihn, das Thema zu wechseln, weil ich für so was noch nicht alt genug sei, worauf er sagte, ich würde es ohnehin nicht verstehen, und weitersprach. Ich spielte auf dem Fußboden mit meinen Spielzeugautos und tat so, als ob ich nicht zuhörte. Aber ich habe alles gehört. Er sprach von den Nazis, die die Juden nicht mögen. Die Juden, das sind wir, die Familie Feuchtwanger. Das weiß ich schon lange. Ich habe schon mit Rosie darüber gesprochen. Wir sind genau gleich, hat Rosie zu mir gesagt, als ich sie danach fragte, nur, dass die Juden nicht daran glauben, dass es das Christkind gegeben hat. Ich weiß aber trotzdem, dass es Jesus gegeben hat. Rosie hat mir seine ganze Geschichte erzählt. Er hatte lange Haare und er war sehr freundlich. Böse Männer haben ihn ans Kreuz geschlagen, sie haben seine Hände und seine Füße mit Nägeln durchbohrt und ihn getötet. Ich wollte wissen, ob diese bösen Männer Juden gewesen seien. Rosie hat mir erklärt, dass die Nazis alles durcheinanderbringen. Römer hätten ihn umgebracht, und Jesus sei übrigens Jude gewesen. Das ist eine sehr alte Geschichte, aus einer anderen Epoche, einer anderen Zeit, lange vor meiner Geburt, auch vor der Geburt meiner Eltern und deren Eltern und all ihrer

Vorfahren, aus der Zeit, bevor es Autos und Radios auf der Welt gab. Es geschah in einem alten Land, das verschwunden ist, jenseits der Berge, der Dörfer, der Flüsse und der Meere. Sie öffnete einen Knopf ihrer Bluse und zeigte mir ein winzig kleines Kreuz aus Gold auf ihrer Brust. Sie sagte zu mir, ich dürfe es mit den Fingern berühren. Ich betastete es leicht, sie führte es zum Mund und küsste es, dann küsste sie mich auf die Stirn und sagte, ich sei ihr kleiner Liebling und alle Kinder und alle Menschen seien aus einem Fleisch, und wir alle seien Kinder Gottes und das Jesuskind habe gesagt, dass wir uns alle lieben sollen. Sie wirkte ein wenig traurig, und ich drückte mich fest an sie. Als meine Eltern über die Nazis sprachen, wusste ich also, worum es ging. Ich wollte ihnen sagen, dass die Nazis die Juden mit den Römern verwechselten. Aber ich tat lieber weiter so, als ob ich spielte, um zu hören, wie die Geschichte weiterging. Wir waren im Büro, wo Papa all seine Bücher ordnet, in Regalen, die bis an die Decke reichen. Er hat Tausende davon. Er hat sie alle gelesen, er liebt es, sie anzusehen, sie anzufassen, auf- und wieder zuzuschlagen, mit den Fingern darüberzustreichen. Er sagte mir, eines Tages würden sie alle mir gehören und ich würde sie alle lesen.

*

Meine Eltern sitzen auf dem grünen Samtsofa. Ich mag es gern, wenn sie beide da sind. Manchmal berührt mein Vater das Gesicht meiner Mutter. Er sieht sie an, sie bewundert ihn, sie sagt ihm, dass er schön sei und sie ihn liebe, aber dieser Schnurrbart kratze sie beim Küssen, er entgegnet ihr, dass seine Brille beschlage, wenn sie ihn küsse. Mein Vater sieht gut aus, er ist elegant. Ich würde mich gern so anziehen wie er, ein weißes Hemd tragen und eine Krawatte anstatt dieses kleinen Wollanzugs, der kratzt, und dann eine hübsche Jacke mit breiten Streifen wie seine. Er sagt mir immer, ich sei zu klein. Sie trinken Kaffee. Ich darf ein Stück Zucker in den Kaffee tunken. Ich habe es mit einer Silberzange aus der schön glänzenden Dose genommen, in der man sich ganz verzerrt sieht, und es zu der chinesischen Tasse befördert, auf der die blasslilafarbene Zeichnung eines Kaisers zu sehen ist, der in einer Sänfte sitzt. Der Zucker kommt mit dem dampfenden Kaffee in Berührung, saugt sich damit voll – es ist lustig, wenn der Kaffee den weißen Zucker hinauf wandert –, ich stecke das Stückchen in den Mund, schlüpfe wieder unter den niedrigen Tisch und lasse das Stückchen in meinem Mund zergehen. Ich muss daran denken, wie einmal eine Dame zu uns zu Besuch kam, mit einem kleinen Hund, einem Dackel. Sie befahl ihm, brav zu sein. Er setzte sich hin. Sie hielt ihm den Zucker vor die Nase und flüsterte: »Allez, hopp!« Er schnappte mit seiner hübschen schwarz-sahnebonbonfarbenen Schnauze nach dem Zucker. Ich glaube, es war ein Zirkushund.

Die Sonnenstrahlen wärmen meine aus dem Versteck herausragenden Beine. Ich lausche, was die Erwachsenen sagen. Sie sprechen von Onkel Lion und von Adolf Hitler. Onkel Lion denkt, Hitler werde eines Tages der Chef sein und an diesem Tag alle Juden töten. Ich weiß nicht, wer Hitler ist. Meine Lippen zittern, ich möchte weinen. Ich komme aus meinem Versteck hervor und werfe mich in die Arme meiner Eltern. Sie verstehen nicht, weshalb ich schluchze. Ich auch nicht. Ich sage ihnen, dass ich sie liebe und dass ich nicht möchte, dass sie jemals sterben. Deshalb habe ich Tränen in den Augen. Gott sei Dank ist es jetzt vorbei.

*

Ich reite auf meinem Rollelefanten. Er heißt Hannibal, wie der König, der mit seinen Elefanten gegen die Römer gekämpft hat. Er hat sie angegriffen, nachdem er im Winter über die Berge gekommen ist. Wenn ich auf Hannibals Rücken sitze, reichen meine Füße nicht mehr auf den Boden. Ich bin sehr weit oben, ich bin groß. Das Fenster steht offen, man hört die Vögel und die Autos. Ich rolle mit Hannibal heran und stütze mich mit dem Ellenbogen auf das Fenster, um nach draußen zu sehen. Ich achte immer darauf, mich nicht hinauszulehnen, denn sonst schimpft Rosie. Die Automobile funkeln, ihre großen runden Scheinwerfer spiegeln die Sonnenstrahlen, die an der Zimmerdecke in den schönsten Farben tanzen, wie bunte Blumen und Schmetterlinge. Das Wetter ist schön, die Verdecke der Automobile sind zurückgeklappt, und ich sehe die Passagiere. Dort ist Tante Bobbie, die über uns wohnt. Ihr Freund ist bei ihr, der Herzog Luitpold in Bayern. Ein Herzog, das ist so etwas wie ein Prinz oder ein König, und Bayern, das ist der andere Name für unser Land: Meine Eltern sagen, wir leben in Deutschland, aber Tante Bobbie, der Herzog und Rosie sind sich ganz sicher, dass wir in Bayern leben. Papa und Mama sagen, wir sind Deutsche, Tante Bobbie und der Herzog sagen, sie sind Bayern.

Ein Chauffeur fährt den Wagen des Herzogs. Ich sehe seine weißen Handschuhe und die Mütze mit der goldenen Borte und dem schwarz glänzenden Schirm, der ihn vor Sonne und Wind schützt. Sein Wagen ähnelt einer Zweierkutsche aus beigefarbenem Leder. Der Herzog sieht wirklich aus wie ein König. Er trägt einen Zylinder und einen Frack, der an einen Pinguin erinnert, und nur ein Brillenglas. Es ist ein Monokel. Ich nenne ihn »den Zauberer«, weil er dieses kreisrunde Glas vor seinem Auge im Gleichgewicht halten kann. Tante Bobbie trägt einen großen weißen Hut, dessen Bänder in der Sonne flattern, sie sieht mich und winkt mir zu. Sie ruft: »Bürschi!« So nennen sie mich zu Haus. Ich antworte mit einer Handbewegung. Auch der Herzog grüßt mich, indem er den goldenen Knauf seines langen königlichen Spazierstocks schwenkt. Sie hält ein braunes Päckchen mit roter Schleife in die Luft. Ich weiß, dass es eine Schachtel Fruchtkonfekt ist, denn sie schenkt mir jedes Mal eine. Ich kann es nicht erwarten, dass sie ins Haus kommt, um sie mir zu geben, und ich wünschte, es würde im nächsten Augenblick geschehen.

Sie sehen auf die andere Straßenseite, wo ein großer schwarzer Wagen angehalten hat. Ein uniformierter Chauffeur geht um das Auto herum und öffnet die Beifahrertür. Ein Mann steigt aus, er beäugt Tante Bobbie, dann den Herzog, und dann sieht er zu mir herauf. Er trägt einen kleinen schwarzen Schnurrbart, den gleichen wie Papa.

*

Rosie hat mich aufgeschreckt. Schnell schloss sie das Fenster, zog die Vorhänge zu, kleidete mich aus und legte mich zum Mittagsschlaf ins Bett. Ich finde es schrecklich, Mittagsschlaf zu machen. Ich mag die Gitterstäbe an meinem Bett nicht. Ich höre noch die Vögel singen, betrachte den Schatten der Vorhänge, wie Wellen an der Zimmerdecke, und die Bordüren schlängeln sich entlang wie kleine Berge. Mit geschlossenen Augen spüre ich Rosies weiche Hand auf meiner Wange. Ich schlafe ein.

Dann bin ich wach. Ich hatte einen Alptraum. Ich träumte, der Mann von gegenüber hätte sich in einen Menschenfresser verwandelt, der uns packte und verschlingen wollte. Er hatte zotteliges Haar und lange spitze Fingernägel wie Struwwelpeter, der böse Junge aus dem Buch, das auf meinem Nachttisch liegt. Mit seinen krummen Nägeln und seinen wie die Stacheln eines Igels hochstehenden Haaren, verfolgte der Menschenfresser meine Familie durch die Straßen. Meine Eltern hielten mich an der Hand, sie liefen zu schnell für mich, ich rutschte aus und fiel hin, hinter ihnen, Mama hob mich auf, das Monstrum kam näher. Der böse Friederich, der kleine Junge, der sein Kindermädchen peitscht, die Katzen mit Steinen erschlägt, den Fliegen die Flügel ausreißt und die Tauben tötet, war auch in meinem Traum, er warf mit Stühlen wie mit Kanonenkugeln.

Ich weiß nicht, ob ich das Buch vom *Struwwelpeter* mag. Man sieht dort das Christkind, das den braven Kindern, die ihre Suppe essen oder still mit ihren Spielsachen spielen oder an der Hand der Mutter gehen, Geschenke bringt. Es hat Engelsflügel und trägt eine Krone. Es sieht aus wie ein kleines Mädchen im Nachthemd, das im Schnee kniet. Ein Stern blinkt über seinem Kopf. Ein Bajonett und eine Militärtrommel flattern zwischen den Geschenken über die Seite. Das Buch erzählt schreckliche Geschichten von bösen Kindern: Friederich, der seinen Hund grausam schlägt; Paulinchen, das in den Flammen umkommt, die ihre Haarbänder verschlingen, ihre Haare, ihre Füße, ihre Augenlider, und alles, was von ihr bleibt, sind ein Häufchen Asche und die polierten Schuhe, ihre beiden Kätzchen weinen, und ihre Tränen bilden ein Bächlein; einige Kinder machen sich über einen kohlrabenschwarzen Jungen lustig und werden vom großen Nikolas bestraft, der sie in ein Fass Tinte steckt, am Ende sind sie flach wie Papier, wie Schatten; ein Mann mit einer großen Schere schneidet Konrad die Daumen ab, damit er nicht mehr an ihnen lutscht. Diese Geschichte macht mir Angst, weil ich am Daumen lutsche, und Kaspar stirbt, weil er nie seine Suppe isst, und Robert verschwindet im Himmel, davongetragen von seinem Regenschirm. Die Bilder verheddern sich in meinem Kopf. Sie flattern in der Luft, kreisen um mich herum, verformen sich, werden länger, verschwinden …

Mir ist heiß. Mein Nacken ist nass geschwitzt.
Es war ein Alptraum.
Ich sitze aufrecht in meinem Bett.
Ich steige über die Gitterstäbe, klettere auf den kleinen Korbsessel und sehe aus dem Fenster.
Auf der Straße ist es ruhig. Gegenüber bewegt sich ein Vorhang.

*

Ich bin ganz nackt. Ich springe überall im Haus herum und bringe Rosie zum Lachen, die mich zu schnappen versucht, um mich anzuziehen. Sie nennt mich ihre Puppe und zieht mir einen Wollanzug an, der kratzt. Ich spiele gern mit meiner Puppe, aber ich bin keine! Ich ziehe meine Puppe an und fahre sie im Puppenwagen spazieren. Ich decke sie zu, damit ihr nicht kalt wird. Mit Rosie kutschieren wir sie jeden Tag herum, wir gehen bis zum Park. Auf dem Weg kommen wir am Haus von Herrn Hitler vorbei. Rosie geht dann immer etwas schneller und hört mir nicht mehr zu.

Gestern habe ich meine Mütze fallen lassen, und sie hörte mich nicht, als ich es ihr sagte. Wir mussten wieder umkehren. Ein Wachmann hielt sie in seinen Händen. Groß, angezogen wie ein Soldat, sagte er zu mir, ich sei ja ganz fesch, und ich werde ein mutiger Deutscher sein, wenn ich groß bin. Rosie wollte nicht länger stehenbleiben und ging schnell mit mir weiter, wobei sie meine Hand viel zu fest drückte. Sie sah böse aus, ich traute mich nicht, etwas zu sagen. Mit fester Stimme erklärte sie mir immer wieder, dass man nicht mit Leuten sprechen dürfe, die man nicht kennt.

Zu Hause verhalte ich mich ganz still und beobachte den Wachmann vom Fenster meines Zimmers aus. Es ist lustig, die Leute grüßen ihn oft, indem sie den Arm in die Luft heben, wenn sie an ihm vorbeigehen, und er antwortet ihnen mit einem Handzeichen. Ich sehe die Autos vorbeifahren. Sie sind schneller als die Pferdekutschen, die ich so gern mag. Ich höre sie fahren. Das Getrappel der Hufe auf dem Kopfsteinpflaster erinnert mich an das Plätschern des Wassers, wenn Rosie das Geschirr spült. Ich kann es auch mit der Zunge nachmachen.

Ich habe ein Holzpferd, das ich abgöttisch liebe. Der Weihnachtsmann hat es mir unter den Tannenbaum gestellt, neben das Klavier, wo viele bunt eingepackte Geschenke lagen. Jeder hat sich bei meinem Vater bedankt und ihn umarmt. Ich tat das auch, aber er sagte, wir sollten uns lieber beim Weihnachtsmann bedanken. Ich habe noch gesagt, dass man auch nicht vergessen dürfe, an Jesus zu denken, dessen Geburtstag es doch sei, und alle brachen in schallendes Gelächter aus. Ich habe nicht genau verstanden, warum, sondern nur mitgelacht. Das passiert häufig: dass ich die Erwachsenen zum Lachen bringe, ohne es zu wollen. Mama hat bemerkt, wie rot ich wurde. Ich wollte mich im Spiegel am Eingang betrachten. Ich habe nichts gesehen. Vielleicht kann man das Rot auf den Wangen nicht im Spiegel sehen, sondern nur in den Augen der anderen. Es wird einem ganz warm ums Herz, wenn man glücklich ist. Jetzt kann ich es spüren, wenn es mir passiert.

*

Mama ist jeden Tag zu Hause. Papa kommt spät zurück, wenn ich schon gegessen habe. Heute Nachmittag war sie nicht da. Sie ist zusammen mit ihm zurückgekommen, genau nach meinem Mittagsschlaf. Sie hatten Pakete dabei und lachten. Sie haben zu mir gesagt, ich sei ihr kleiner Schatz und nahmen mich immer wieder in den Arm.

Heute ist ein großer Tag; es ist wirklich ein besonderer Tag, denn Onkel Lion kommt zum Abendessen zu uns.

Mein Vater hat einen lauten Schrei ausgestoßen, als er den Tisch sah, und die Arme gehoben, um Rosie zu danken. Auch Mama bedankte sich bei ihr und ich glaube, sie wurde rot. Rosie erklärte, dass wir den Tisch gemeinsam gedeckt haben. Das Rot ist dann gleich von ihrem hübschen Gesicht verschwunden. Meine Eltern haben mir applaudiert, und da wurde ich wohl selbst rot … Am Morgen hatte Rosie zuerst die große weiße Tischdecke aufgebügelt, die sie in der Waschküche aufbewahrt. Die Waschküche ist auch mein Zimmer: Sie wird immer das »Zimmer von Bürschi« genannt, wenn von mir oder meinem Spielzeug die Rede ist, und wenn es um die Wäsche geht, die zu bügeln, zu falten oder einzuräumen ist, heißt es immer »die Waschküche«. Wir teilen sie tagsüber.

Rosie hatte die Konsole, die normalerweise vor dem Wohnzimmerfenster steht, in die Mitte des Zimmers gerückt, sodass eine Hufeisenform entstand. Als ob sie ein Gummi in die Länge gezogen hätte, das sich in einen riesigen Esstisch verwandelt hat, auf den sie ein weiches, zartes Moltontuch ausbreitete und darüber die große weiße Tischdecke, unter der ich zuvor Gespenst gespielt hatte. Sie hatte das Eisen angewärmt, um sie zu bügeln. Ich setzte mich auf meinen kleinen Stuhl, mit meiner Puppe im Arm. Ich sah zu, wie sie die Falten mit dem heißen Eisen glättete, das über die Decke glitt. Es bewegte sich vorwärts wie ein Schwan auf dem Wasser. Rosie besprengte die Wäsche mit parfümierten Wassertropfen, die das Bügeleisen zu verschlingen schien. Dann legte sie das Besteck darauf. Sie erteilte mir Aufträge: Ich habe zwei Messer und zwei Gabeln an die Seite jedes Tellers gelegt, und dazu habe ich noch eine Untertasse hingestellt, zwei Sektgläser, ein kleines und ein großes, dann einen weiteren, mondförmigen Teller für den Salat. Rosie brachte noch kleine Butterschalen und Karaffen, eine für das Wasser, eine für den Wein, Salz und Pfeffer in kleinen Glasnäpfen, die wie Glocken aussahen, und wirklich noch eine Glocke, mit der man nach ihr rufen konnte, wenn meine Eltern und ihre Gäste zu Tisch saßen und sie in der Küche war. Für mich war kein Platz vorgesehen, weil ich mit Rosie in der Küche essen sollte, nachdem ich den Gästen einen guten Abend gewünscht hatte.

Rosie stellte den schönen Kerzenleuchter in die Mitte des Tisches, den mit den vielen Armen, der meiner Großmutter gehörte, der Mutter meines Vaters, die gestorben ist, als ich noch klein war. Manchmal zeigen mir meine Eltern Fotos von ihr und sagen, dass sie mich vergöttert hat, und ich erinnere mich vage an eine Dame am Stock. Rosie sagte mir, dass mir meine Eltern vielleicht erlauben würden, die Kerzen anzuzünden. Als ich sah, wie sehr sie sich über den herrlich hergerichteten Tisch freuten, fragte ich, ob ich das machen dürfte.

– Warum nicht, hat Papa geantwortet, du wirst das nicht weniger gut machen als ein echter Rabbi.

Und, ich weiß nicht, warum, alle lachten. Natürlich wurde ich wieder rot.

Meine Mutter musste sich vorbereiten. Sie bat Rosie darum, mir ein Bad einzulassen, den Anzug anzuziehen und das Abendessen zu geben. Ich wollte wissen, wann Onkel Lion kommen würde. Sobald er da ist, kommt er zu dir, gab sie mir zur Antwort.

Der Dampf, der vom Bad aufsteigt, lässt die Fensterscheiben beschlagen, auf denen ich etwas malen kann. Rosie mag es nicht, wenn ich auf dem Glas Zeichnungen hinterlasse, sie schimpft, weil sie es putzen muss, trotzdem verschwinden meine Kunstwerke, wenn man das Fenster öffnet. Das Badewasser ist kochend heiß, ich brauche etwas Zeit, um hineinzusteigen. Zuerst mit den Zehen, dann bis zu den Knöcheln und Waden. Ich warte ein wenig ab und gewöhne mich daran. Dann kann ich mich hinsetzen und verbrühe mich nicht mehr. Ich bin ganz zufrieden mit meinem Spielzeug, ich singe, ich spiele Krieg, die Deutschen gegen die Franzosen. Mein Onkel Berthold wurde in den Schützengräben verletzt. Er hat mir gesagt, dass die Deutschen zu Unrecht als besiegt erklärt worden sind, obwohl sie mehr Schlachten gewonnen haben. An diesem Tag wollte Papa nicht so gern über den Krieg sprechen. Er schimpfte über ihn, und ich möchte weinen. Onkel Berthold hat einen Bart, und die Bärtigen kommen mir immer traurig vor. Ich möchte nicht, dass mein Onkel Kummer hat. Um ihn zu trösten, lasse ich ihn in meinem Bad gewinnen. Heute Abend ist nicht er es, der zu Besuch kommt, sondern ein anderer Onkel: Es ist Lion, der Bücher schreibt, über die die Bettler gesprochen haben und die Nachbarin. Mama sagt, ich kenne ihn. Ich erinnere mich nicht, denn er kommt nicht oft zu uns. Ich kann es nicht erwarten, ihn zu sehen, ich sterbe vor Neugier!

Als die Haut an meinen Fingern und Füßen runzelig ist, holt mich Rosie aus der Wanne. Sie hebt mich heraus und hüllt mich in ein großes weißes Handtuch und wir spielen Post. Sie tut so, als sei ich ein Paket, das der Postbote vor der Tür abgestellt hat. Sie nimmt es hoch, um es dann im Zimmer abzuladen. Sie tastet mich durch das Handtuch ab, um herauszufinden, was sich in dem Paket verbirgt. Ich stoße ein paar Schreie aus, als sie so tut, als hätte sie einen kleinen Jungen entdeckt. Sie sagt, es sei der schönste Tag ihres Lebens, da sie keine Kinder habe und davon träumte, genau so eines wie mich zu haben. Sie umarmt mich, wir lachen, ich zappele.

Sie rieb mir den ganzen Körper mit Kölnischwasser ein, bis zu den Zehenspitzen, und rubbelte den Rücken ab, bis mir ganz warm wurde. Sie streifte mir mein weißes Hemd über, das am Hals etwas eng war, dann zog sie mir meine Lederhose an. Ich finde sie zu hart, und die Hosenträger stören an den Schultern. Sie ließ mich in meine nagelneuen Lederschuhe schlüpfen, in Marineblau, meiner Lieblingsfarbe. Sie glänzen schön, aber sie drücken ein bisschen. Ich wollte mir nicht die Sonntagskleidung anziehen! Um mich umzustimmen, versicherte mir Rosie, so angezogen sähe ich aus wie ein Soldat. Sie kämmte mich mit der Elfenbeinbürste, die aus Elefantenstoßzähnen gemacht ist und deren blonde Fasern so weich sind, und ermahnte mich, meine Haare nicht wieder zu zerzausen, und sie sagte mir, ich sehe aus wie das Christkind. Ich küsste das Kreuz um ihren Hals. Wenn ich groß bin, möchte ich sie heiraten. Ich liebe Rosie.

Papa kam zu uns ins Zimmer. Auf dem Kopf trug er eine Kappe, die wie ein kleiner Stoffhut aussah. Er hat zwei davon in seinem Zimmer, seine und die seines Vaters, meines Großvaters, den ich nicht kennengelernt habe. Er trägt sie nie, aber ich weiß, dass sie ihm viel bedeuten, denn ich darf nicht mit ihnen spielen. Meine Mutter sagte, sie finde sie lächerlich, aber mein Vater war der Ansicht, Lion werde sich darüber freuen, und dann setzte er die andere Kappe auf meine blonden Haare und zwinkerte mir zu.

Mama zog die Gardine vor dem Fenster zu. Es ist ein Zaubervorhang, der das Licht hereinlässt, uns aber nach außen hin versteckt. So können uns die Nachbarn nicht sehen. Und dann ging sie aus dem Zimmer.

Während Rosie das Essen zubereitete, durfte ich zuschauen, wie Mama sich in ihrem Zimmer schminkte. Sie setzte sich auf den kleinen blauen Hocker mit den Kordeln, die bis zum Boden reichen, vor ihr hübsches Möbelstück, das sie Ankleidespiegel nennt und das aus drei Spiegeln besteht, in denen man sich auch von der Seite sehen kann, und dann machte sie sich zurecht. Ich mag diese geheimnisvoll klingenden Wörter, »Ankleidespiegel« und »zurechtmachen« … Mama hat mich auch zurechtgemacht. Sie puderte mir Nase und Wangen mit einem kleinen Wattebausch; sie tauchte ihn in eine hübsche zerbrechliche Dose aus Glas, die auf dem Tisch stand, neben ihren Schatullen, ihrem Schmuck, ihren himmelgrauen Perlencolliers, ihren glänzenden Spangen, die so groß sind, dass ich sie nicht mit der Hand umfassen kann, und ihren Ohrclips, die sie mir manchmal ansteckt, was ein bisschen an den Ohrläppchen zwickt. Papa war im Badezimmer. Sein Gesicht war mit weißem Schaum bedeckt, den er mit einem ganz weichen Rasierpinsel verteilte, der aussah wie der Schwanz eines Eichhörnchens. Ich ging zu ihm hin und sah zu, wie er die Rasierseife wegstellte und dann sein elfenbeinernes Rasiermesser ansetzte, dessen Klinge so lang war wie die des Taschenmessers, das er einsteckt, wenn wir uns aufmachen zu einem Spaziergang an den Seen.

Rosie rief mich, und ich ging zum Abendessen in die Küche, wo wie immer die köstlichsten Gerüche in der Luft lagen. Sie hatte mir meine Lieblingswürste zubereitet, knusprig gebraten. Sie ließ sie von der Pfanne auf meinen Teller gleiten, und ich konnte sie noch brutzeln hören. Sie übergoss sie mit Soße und legte goldgelbe Kartoffeln dazu. Onkel Lion war angekommen. Ich hatte das Klingeln an der Tür nicht gehört. Papa und er standen beide vor mir. Sie haben fast die gleiche Stimme. Sie sehen sich ähnlich wie Zwillinge. Lion ist kleiner und trägt eine große runde Clownsbrille. Auch Tante Marta war da, seine Frau. Ich hatte sie noch nie gesehen. Sie war schön, ein Hut bedeckte die über dem Nacken hochgesteckten Haare, ihre Lippen waren rot, ihre Zähne weiß und ihre Augen braun. Sie zwinkerte mir zu, und ich schaute weg.

Onkel Lion lachte und sagte, ich hätte ja den richtigen Hut zum Wurstessen auf. Das verstand ich nicht. Papa wirkte verlegen. Er erklärte, ich würde die Kappe zu Ehren von Onkel Lion tragen und weil Sabbat war, wie früher, als sie klein waren. Onkel Lion lachte laut und sagte, ihre Kindheit sei eine verrückte Zeit gewesen und wenigstens trage ich keine Schläfenlocken. Sie lachten wieder, und Onkel Lion sagte, dass die Schläfenlocken die Haarsträhnen sind, die man vor den Ohren herunterbaumeln lässt. Früher hatten sie alle jüdischen Männer, sie waren schwarz angezogen und hatten Kaftane an, große schwarze Mäntel, die allem widerstanden, dem Wind, dem Schnee und dem Regen, und sie hatten auch Kappen auf. Als sie Kinder waren, mein Vater und meine Onkel und Tanten, neun insgesamt, hielten sie sich an die Traditionen der Zeit. Onkel Lion sagte:

– Gott sei Dank ist das alles vorbei für deinen Papa und mich.

Dann gingen sie ins Wohnzimmer. Rosie brachte mir meinen Lieblingsnachtisch, Eier-Milch-Creme, und bat mich, mir den Schlafanzug anzuziehen, einen Bademantel und Pantoffeln, um im Wohnzimmer Guten Abend zu sagen. Auch meinen Seidengürtel habe ich nicht vergessen, denn ich wusste, dass man angezogen sein musste wie ein echter Gentleman, damit man bei den Erwachsenen bleiben durfte.

Ich bin unterm Tisch. Ich sehe die Schuhe von Onkel Lion, weiß und schwarz wie das Fell des Pandas, den Rosie mir in einem Buch gezeigt hat. Sie riechen nach Schuhcreme. Die meines Vaters glänzen, die Fenster spiegeln sich darin, klein und verformt. Meine Mutter trägt ihre hübschen Halbschuhe mit den hohen Absätzen, die ihre Beine verlängern. Die von Tante Marta sind überkreuz wie zwei Menschen, die sich hinter einem dünnen schwarzen Netz umarmen. Zwischen den Strumpffasern sieht man die Leberflecken auf ihrer weißen Haut.

Aus meinem Versteck heraus lausche ich ihrer Unterhaltung. Ich höre die Worte, wiederhole sie in meinem Inneren, ohne sie zu verstehen. Ich versuche sie zu behalten und ihnen einen Sinn zu geben. Es ist wie eine Musik, die mich einwiegt, unverständlich, geheimnisvoll.

– Meine liebe Marta hat sich diese Woche ein neues Auto zugelegt, sagt Onkel Lion.

Tante Martas singende Stimme klingt wie die hohen Töne auf dem Klavier:

– Es ist ein BMW, ein kaffeefarbener Sportwagen. Ich glaube, nur drei Frauen fahren ihn in München, unter anderen die Schwester eurer Nachbarin, Friedl. Alle schauen sich nach mir um, wenn ich durch die Straßen fahre.

– Aber das ist doch verrückt, sagt meine Mutter.

Und mein Vater erwidert:

– Sieh mal, mein Schatz, es ist jedenfalls nicht so kostspielig wie ein Pferd oder eine Kutsche. Man braucht keinen Stall, kein Stroh und kein Heu. Und es kostet noch weniger als ein Kutscher!

– Es ist so praktisch … Wir fahren am Wochenende aufs Land.

Wollt ihr mitkommen, wollt ihr, dass wir den Kleinen mitnehmen? Er ist so süß. Fragt Tante Marta.

– Ach! Ihr hättet Hitlers Gesicht sehen sollen, als er gesehen hat, wie wir einparkten, sagt Onkel Lion. Er ist in dem Moment nach Hause gekommen, als wir bei euch ankamen. Er hat uns nicht erkannt, sagt Onkel Lion.

– Gott sei Dank, mein Schatz, bei dem, was du über ihn in den Zeitungen geschrieben hast, entgegnet Tante Marta.

– Na und, noch leben wir in einer Republik, oder etwa nicht?

Es war die Stimme meines Onkels.

Mama nimmt das Wort wieder auf:

– Man sagt, sein Buch *Mein Kampf* sei das meistverkaufte Buch in Deutschland.

– Nein, meins verkauft sich am besten: *Jud Süß*.

– Du solltest vorsichtig sein, sagt mein Vater. Alle im Büro reden von deinem nächsten Roman. *Erfolg*, richtig?

Onkel Lion grinst hämisch:

– Es stimmt doch, dass in deinem Verlag, bei Duncker & Humblot, eher die Freunde des *Herrn* Hitler publizieren ...

Ich verstehe nicht alles, was sie sagen. Trotzdem höre ich gern zu. Ich kann die Worte wiederholen wie ein Papagei. Onkel Lion fährt fort:

– Ich habe gehört, dass dein Schützling Carl Schmitt den verworrenen Theorien dieser Mistkerle von der SA nicht gänzlich abgeneigt gewesen sei. Sage mir bitte nicht, dass das Verlagshaus meines kleinen Bruders im Begriff ist, nach rechts außen abzudriften wie die anderen auch?

– Absolut nicht, sagt mein Vater mit einem komischen Lachen. Ich versichere dir, Schmitt ist kein Rassist. Übrigens verlegen wir auch andere Autoren. Du solltest zum Beispiel den Engländer Keynes lesen, auch wenn *Die wirtschaftlichen Folgen des Friedensvertrages* womöglich zu den Lieblingsbüchern unseres berühmten und gleichwohl widerwärtigen Nachbarn gehört. Ich bin sehr stolz darauf, sein Verleger zu sein.

– Das war ein Scherz, mein lieber Bruder. Das weiß ich doch alles. Jedenfalls hat Goebbels gesagt, das alles werde mich sehr teuer zu stehen kommen, sollte er eines Tages die entsprechende Macht haben. Sie sind zu allem bereit, um die Juden auszurotten. Unabhängig davon, dass du und ich weder religiös noch überhaupt gläubig sind, ebenso wenig wie unsere sieben Geschwister. Für sie bleibt ein Jude ein Jude, ja, man müsste sogar sagen, »Gesindel« bleibt »Gesindel«, um ihre elegante Ausdrucksweise zu bemühen, und auch wenn wir weder Kippa noch Schläfenlocken tragen, sind wir es deshalb nicht weniger als unsere geliebten Verwandten. Sie werden uns vernichten.

– Du glaubst, das ist möglich?

– Hitler ist ein Schuft, ein ehemaliger Gefängnisinsasse, ein Verschwörer an der Spitze einer Bande von Taugenichtsen. Sie sind zu allem fähig. Sie sind wie die Freiherren im Mittelalter, auch sie suchen ein neues Reich. Sie wollen Schlösser, Gold und Leibeigene. Sie werden die Juden genauso benutzen, um den Hass der Massen zu schüren, die kein bisschen weniger abergläubisch sind als damals, sagt Lion.

– So ist es in deinem Roman, sagt mein Vater.

– Der sich besser verkauft als *Mein Kampf* …

– Zusammengenommen verheißen sie nichts Gutes für uns in diesem Land, sagt Tante Marta.

– Jedenfalls weiß ich nicht, ob dieser Schurke, dein Nachbar, mein nächstes Buch lesen wird, ich werde es aber sicher nicht verpatzen. Ich erzähle dir, was ich erst heute Morgen geschrieben habe, und du sagst mir dann, ob du dir denken kannst, über wen ich spreche.

Ich konzentriere mich auf das Zuhören. Ich höre alles, aber die Worte entgleiten sofort wieder, sie fliegen davon, entschwinden, und ich hole sie wieder ein.

Die Stimme von Onkel Lion ist wie Musik, ein Ton, den ich festhalten kann:

– »Mit heller, manchmal leicht hysterischer Stimme deklamierte er; mühelos von langen, blassen Lippen flossen ihm die Worte; mit eindringlichen Gesten, wie er sie predigenden Landpfarrern abgesehen hatte, unterstützte er seine Rede. Man hörte ihm gerne zu, er hatte Gesichtspunkte, unter denen sich die Dinge des Staates und des Tages bequem bereden ließen. Schuld an allem Bösen war das Zinskapital, war Juda und Rom. Wie die Lungenbazillen die gesunde Lunge, so zerstören die international versippten Finanzjuden das deutsche Volk. Und alle Dinge werden gut und renken sich ein, sowie man nur die Parasiten ausschwefelt. Schwieg der Monteur Kutzner, so gaben die dünnen Lippen mit dem winzigen, dunklen Schnurrbart und das pomadig gescheitelte Haar über dem fast hinterkopflosen Schädel dem Gesicht eine maskenhafte Leere. Tat aber der Mann den Mund auf, dann zappelte sein Antlitz in sonderbarer, hysterischer Beweglichkeit; die höckerige Nase sprang bedeutend auf und ab. Und er entzündete Leben und Tatkraft in der Stammtischrunde. Die Kunde von dem beredten Rupert Kutzner, der genial einfache Mittel gefunden hatte, das öffentliche Leben zu säubern und auf gesunde Beine zu stellen, verbreitete sich. Es kamen mehr Leute, seinen Reden aufmerksam und zustimmend zu lauschen; der Buchdruckereibesitzer machte eine kleine Zeitung auf, die den Ideen Kutzners gewidmet war. Gedruckt allerdings nahmen sich diese Ideen dürftig aus, immerhin diente die Zeitung, den Lesern den lebendigen Eindruck des auf seinen Worten überzeugt hinrudernden Mannes ins Gedächtnis zu drücken. Jedenfalls kamen immer mehr Leute in das Restaurant ›Zum Gaisgarten‹. Der Wirt, der Druckereibesitzer, der Boxer und zwei Chauffeure begründeten eine Partei, Die Wahrhaft Deutschen, unter Führung des Rupert Kutzner, der sich nicht mehr als Monteur, sondern als politischer Schriftsteller bezeichnete …« Und?

– Nun ja, sagt mein Vater, du schlägst kräftig zu!

– Wenn ich daran denke, dass mich dein Nachbar in den alten Zeiten, bevor man ihn ins Gefängnis steckte, im Hofgarten Café in München, wo wir so oft mit Bertolt Brecht hingegangen sind, mit *Herr Doktor* angesprochen hat, sagte Onkel Lion. Ich frage mich, was Dr. Freud wohl dazu sagen würde. Ich habe ihn übrigens erwähnt in meinem Roman, das wird ihn freuen. Ansonsten habe ich euch das Opernlibretto mitgebracht, das Bertolt gerade geschrieben hat: *Die Dreigroschenoper*. Der Titel stammt von mir! Gut, nicht wahr? Er hat mich im Krankenhaus besucht, nach meiner Operation, und ich habe ihn gerettet, indem ich ihm die schlechten Titel ausredete, die er sich ausgedacht hat. Sie haben vor ausverkauftem Haus gespielt in Berlin, im Theater am Schiffbauerdamm.

Das Gespräch hörte sich wie ein Surren an. Onkel Lion und der Nachbar von gegenüber, Herr Hitler, haben sich gestritten, glaube ich. Ich höre nicht mehr zu. Die Wörter und die Namen vermischen sich, es sind immer dieselben: »Jude«, »Krieg«, »Hitler«. Ich will nur das neue Auto von Tante Marta sehen, das schöner ist als das von Herrn Hitler. Ich möchte mir jetzt die Ohren zustopfen. Ich höre sie über dem Tisch, sie reden immer noch über das Gleiche. Onkel Lion erzählt Witze. Papa lacht nicht mehr. Seine Stimme klingt müde.

Ich bin aus meinem Versteck herausgekrochen und habe mich aufs Sofa gesetzt. Ich wollte schlafen. Ich musste mich zusammennehmen. Nach dem Abendessen spielte meine Mutter auf dem Klavier aus der Oper vor, die Onkel Lion mitgebracht hat. Sie trällerte ein bisschen, während sie in der Partitur las. Die Geschichte handelte von sehr armen Leuten, wie denen, die neulich an die Tür geklopft haben. Mein Vater, Onkel Lion und Tante Marta standen um sie herum. Ich stellte mich zu ihnen. Onkel Lion wirkte traurig. Mein Vater sagte, ich müsse ins Bett. Er legte mich ins Bett, und während er mit mir kuschelte, hörte ich Mama noch immer singen und Klavier spielen. Das Lied handelte von England. England ist eine Insel, erklärte mir Papa. Ich stellte mir ein Land vor, das auf dem Meer schwimmt, und bin eingeschlafen.

*

Mein Vater ist heute Morgen nicht ins Büro gegangen. Er trägt seinen Morgenrock über Hemd und Hose, was er immer tut, wenn er zu Hause Manuskripte korrigiert. Trotzdem arbeitet er nicht: Meine Mutter hat ihn darum gebeten, zu Hause zu bleiben und sich um mich zu kümmern, da sie mit Rosie nach Tante Bobbie schauen will. Sie wird wieder gesund. Tante Bobbie ist nicht meine richtige Tante, sie ist unsere Nachbarin von oben und die Wohnung hat sie von ihren Eltern übernommen. Sie wohnt hier seit ihrer Kindheit, so wie ich, und wie Mama. Als Kinder spielten sie zusammen, und auch ihre Eltern waren schon Freunde. Tante Bobbie vermietet Zimmer: Wenn die neuen Mieter ankommen, stellt sie sie mir vor, und wenn sie wieder gehen, kommen sie zu mir, um sich zu verabschieden. Mit Rosie bete ich zum Jesulein, dass sie nicht stirbt. Ich bete, dass ihr Herz weiterschlägt, denn ich weiß, dass man nur so lebt. Für den Fall, dass mein Gebet nicht erhört wird, bitte ich darum, Tante Bobbie möge in den Himmel kommen und dort glücklich sein bei ihren Eltern, die sie sehr lieb hatte. Sie wird ins Paradies kommen, wo wir uns alle eines Tages wiedertreffen. Ich will nicht, dass meine Eltern sterben. Und ich will auch nie sterben. Ich denke oft darüber nach, abends im Bett. Ich weiß, dass das eigentlich unmöglich ist. Aber bei mir vielleicht doch …

Tante Bobbie geht es besser. Ihre Schwester Friedl kommt sie jeden Tag besuchen, und heute Morgen hat sie vorgeschlagen, ein Picknick auf dem Land zu machen, zur Feier ihrer Genesung. Meine Mutter fand die Idee sehr gut: Ich sei blass und die frische Luft werde mir guttun! Sie wollte Tante Bobbie aber nicht allein zu Hause lassen, daher schlug sie vor, bei ihr zu bleiben. Mein Vater sagte, er habe zu viel zu tun, er müsse noch Manuskripte und Bücher durchsehen, als er jedoch sah, dass Mama sich zu ärgern begann, stimmte er dem Spaziergang zu. Sie verkündete, das Picknick selbst vorzubereiten, während Rosie mich für die Landpartie anzog, er solle sich auch fertigmachen. Friedl zwinkerte mir zu. Sie weiß, wie schön ich ihr Auto finde. Wenn sie Tante Bobbie besuchen kommt, parkt sie vor dem Haus und hupt, damit ich sie vom Fenster aus sehen kann. Sie hat mir gesagt, ihre Tochter werde kommen, und ich habe mich angestrengt, nicht rot zu werden. Oft frage ich mich, ob man hören kann, was ich denke. Ich hoffe nicht, und ich glaube es auch nicht, sonst würde ich ja hören, was sich die anderen ausdenken. Ich würde das gern können, in den Gedanken der anderen lesen, sehen, was sie sehen, aber ich möchte auf keinen Fall, dass herauskommt, dass ich Friedls Tochter sehr hübsch finde. Sie heißt Arabella, sie ist fünf Jahre alt wie ich, sie hat grüne Augen und blondes Haar. Ihre Nase ist ganz fein, sie wirkt immer sehr brav, und wenn sie lächelt, weiß ich, dass ich rot werde.

Das Verdeck ist heruntergeklappt. Ich sitze mit Arabella hinten. Friedl ist am Steuer. Mein Vater sitzt vorn, er trägt einen weißen Anzug, eine weiße Weste, ein weißes Hemd und einen weißen Hut, den er in der Hand hält, damit der Wind ihn nicht wegweht. Das riecht gut, das ganz warme Leder. Ich habe mir ein bisschen die Oberschenkel verbrannt, als ich mich auf den Sitz setzte, der von der Sonne ganz heiß war. Arabella hat die Armlehne zwischen uns heruntergeklappt. Der Himmel ist blau, feine weiße Streifen sind zu sehen, die an Baumwollfäden erinnern. Das Auto macht ein lustiges Geräusch und hopst über die Straße. Da sind Löcher und Erhebungen, und hinter uns bilden sich Staubwolken. Friedl hupt, als sie die Fahrräder und Viehwagen überholt und auch die Bauern, die Karren vor sich herschieben, vollbeladen mit Obst und Gemüse. Ich halte den Arm hinaus wie einen Flugzeugflügel, er hebt und senkt sich. Ich stelle mir vor, wir fliegen.

Wir haben »Schere, Stein, Papier« gespielt, das »Ja-Nein-Spiel« und Scharade, wir haben gesungen und dabei die Landschaft betrachtet, und ich bin eingeschlafen. Als ich erwachte, waren wir am Ufer des Starnberger Sees, wir parkten vor einem Kreuz. Mein Vater sagte, wir sollen aussteigen, und bevor wir spielen gehen durften, gab er uns eine Lektion in Geschichte. Die Geschichte, das ist nicht dasselbe wie Geschichten, das ist das, was wahr ist und was vor langer Zeit geschah. Mit den Geschichten ist es genau umgekehrt: Alles ist erfunden. Er zeigte uns das Kreuz und, genau dahinter, eine kleine Kirche. Er erklärte uns, dass Kreuz und Kapelle zu Ehren von König Ludwig II. gebaut wurden, der hier starb, gegenüber vom Schloss der Königin Sissi, das man auf der anderen Seite des Sees erkennen kann. Arabella fragte ihn, ob das zur Ritterzeit gewesen sei. Mein Vater antwortete, es ist nicht so lange her, er selbst war ja damals schon geboren. Er sprach über ihn, den König, der wie er Ludwig geheißen habe, und ich musste ein bisschen grinsen, und er erzählte, dass man ihn den »Märchenkönig« nannte, und da lachten Arabella und ich wie verrückt los. Er beschrieb uns, wie romantisch der König gewesen sei, und machte uns das vor, indem er sich vor Friedl hinkniete und große komische Gesten vollführte, so als sei er der Märchenkönig und Friedl die Prinzessin, die ihn nicht liebte. Mit einem Stock, den er vom Boden aufhob, tat er so, als stoße er sich einen Dolch ins Herz und ließ sich auf die Seite fallen. Lachend rannte ich mit Arabella zu ihm hin, und dann drückten wir auf seinem Bauch herum, damit er wieder zum Leben erwachte. Papa erzählte uns, Ludwig II. habe gedacht, in seinen Adern fließe ein besonderes Blut, ganz rein. Mit ernster Miene fügte er hinzu, das sei Unsinn und alle Menschen hätten das gleiche Blut. Friedl sagte, dass nur die Farbe der Seele zähle. Es gibt die, die man finster nennt, und die anderen, schön und rein und vornehm, Prinzenseelen wie die meine – oder Prinzessinnenseelen wie die von Arabella. Dann beschrieb uns Papa, dass der König ein Märchenschloss erbauen ließ, mit spitzen Türmen, so hoch, dass sie bis zu den Wolken reichen. Wir werden es diesen Sommer besichtigen, wenn wir in den Ferien bei Onkel Heinrich sind, dem Bruder meiner Mutter, der ein Haus auf der anderen Seite des Sees besitzt, gegenüber der Festung des Märchenkönigs.

Friedl holte den Proviant aus dem Kofferraum des Wagens. Sie öffnete einen Koffer aus Korbgeflecht, mit Geschirr aus Porzellan drin. Es sah wunderschön aus. Ich wollte nicht, dass sie die Teller herausnahm und die Gläser, die Servietten, das Brot, die Wurst, den Schinken. Alles war sorgfältig festgebunden. Man hätte es für Puppengeschirr halten können. Wir breiteten alles auf einem bunten Tischtuch aus. Mein Vater stellte einen Sonnenschirm auf, der so weiß war wie sein Anzug. Mama und Rosie hatten ein echtes Festessen eingepackt, und Friedl und Papa breiteten es nun vor uns aus: hartgekochte Eier, kaltes Hähnchen, Mayonnaise, Würstchen, Aufschnitt, Kartoffelsalat … Wir haben alles verschlungen. Zum Nachtisch zerteilte Friedl ein paar Pfirsiche, die sie mit Puderzucker bestreute. Wir mussten unsere Gabeln benutzen, aber ich habe es nicht geschafft, die letzten, rosa verfärbten Zuckerkristalle zu erwischen. Ich durfte den Teller ablecken. Friedl fürchtete, ich könnte die mit weißer Spitze umsäumten Servietten schmutzig machen, und wusch mir das Gesicht mit etwas Seewasser. Nach dem Essen zogen wir uns die Badeanzüge aus Wolle an und gingen am Ufer spielen, aber wir tauchten nur Füße und Hände und Gesichter ins Wasser, denn Arabella und ich können noch nicht schwimmen. Wir haben Kieselsteine übers Wasser hüpfen lassen. Ich mühte mich ab, damit die Steine an der Wasseroberfläche hochsprangen, aber einer nach dem anderen versanken sie, ohne die kleinste Welle zu verursachen. Die von meinem Vater schienen unendlich weit hüpfen zu können. Wie Wassergrashüpfer. Segelboote glitzerten am Horizont entlang, die spitz zulaufenden aufgeblähten Segel sahen aus wie der Hals der Schwäne im Park, und ich schlief ein, Hand in Hand mit Arabella. Als wir erwachten, war alles aufgeräumt. Wir verabschiedeten uns vom See, stiegen ins Auto und fuhren los. Düstere Wolken hingen an einem blasslila Himmel. Ich spürte die Unebenheiten der Fahrbahn, dann hörte ich, wie sich die Wagentür öffnete. Papas Arme, die mich trugen, Mamas Lippen auf meinen Wangen, meine Kleider, aus denen ich hinausglitt, in den frischen Pyjama hinein, das kühle Bettzeug, und ich schlief ein.

*

Heute Morgen regnet es, und mein Zimmer sieht traurig aus. Die Wände sind grau wie der Himmel. Tropfen fallen auf die Fensterscheiben. Die schnellsten verfolge ich mit meinem Blick. Sie fließen an den anderen vorbei, die auf der Stelle bleiben, legen eine kleine Strecke zurück, ohne sich zu vermischen, werden länger und dann immer kleiner, rund wie Marienkäfer. Man könnte meinen, sie wären lebendig. Die Nase an die Fensterscheibe gedrückt, beobachte ich, wie sie miteinander spielen. Dahinter, draußen in der Ferne, habe ich gerade Hitler gesehen, wie er aus dem Haus kam. Ein Mann hielt ihm den Regenschirm, sie sind in einen schwarzen Wagen gestiegen und weggefahren.

*

Arabella kommt nicht mehr zu uns. Sie fehlt mir.

Tante Bobbie ist wieder gesund. Ihr Freund, *der Herzog*, ist gekommen, um es uns zu sagen. Er ist im Büro meines Vaters. Ich höre ihnen zu. Sie bringen mich beide zum Lachen. Sie stehen sich gegenüber und reden ernst miteinander, dabei wippen sie auf und ab, indem sie sich abwechselnd auf die Zehenspitzen und dann wieder auf die Fersen stellen wie Marionetten. Der Herzog zieht eine Grimasse, damit sein Monokel nicht hinunterfällt. Sie greifen Bücher aus dem Regal, öffnen sie und blättern darin, manchmal ohne dabei etwas zu sagen, und stellen sie wieder an ihren Platz zurück. Mein Vater ist auf die letzte Stufe seiner Stehleiter gestiegen und zieht ein großes Buch heraus, das weiter oben eingeordnet ist. Meine Mutter hat den Kaffee gebracht, und ich bin aus meinem Versteck gekrochen, um zu fragen, ob ich ein Stück Zucker hineintunken darf. Sie haben über Friedl und ihren Mann gesprochen. Ich habe bemerkt, dass der Herzog ihn nicht leiden kann. Er hat gesagt, er sei ein Bewunderer Hitlers, unseres Nachbarn. Sie haben nichts weiter gesagt. Ich mag es nicht, wenn man schlecht über Friedl spricht. Ich würde gern Arabella sehen. Ich mag sie. Ich habe auch Dorle, meine Schwester, sehr lieb. Sie ist zwölf und wohnt manchmal bei uns.

*

Es wird immer heißer. Die Tage sind lang. Sie ziehen sich in die Länge wie ich, wenn ich wachse. Bald ist Sommer. Ich kann es nicht erwarten, zu Onkel Heinrich in die Ferien zu fahren, wo wir hoffentlich das Schloss des Märchenkönigs besichtigen werden. Seit Anfang der Woche packt Rosie die Koffer. Sie wäscht die Wäsche in großen Eisenbottichen, aus denen Dampf aufsteigt. Sie schrubbt, bürstet, spült, rührt, mit hochgekrempelten Ärmeln und knallrotem Gesicht. Die Seife riecht gut. Sie wringt die Sachen aus und hängt sie auf die Wäscheleinen, und die Waschküche verwandelt sich in ein Labyrinth. Ich mag es, hier drin Gespenst zu spielen und wenn Rosie mich dann ausschimpft. Sie schreit, ich werde noch die Wäsche schmutzig machen mit meinen Fingern, wenn ich zwischen den Leinen Krieg spiele. Das ist mir egal, ich bin ein Soldat, ein Kundschafter, ich schleiche mich mucksmäuschenstill an, ich bin ein Flieger, ich setze zum Höhenflug an in einem Doppeldecker mit Schnellfeuergewehr, während Rosie die Wäsche bügelt, die Hemden, die langen Hosen, die Nachthemden, die bunte Kleidung und all meine kleinen Sachen, auf einem großen Holztisch, auf dem ein Moltontuch ausgebreitet liegt. Ich darf nicht zu nah an das heiße Bügeleisen herangehen, mit dem sie flink hin- und herfährt. Es läuft nach vorn spitz zu und erinnert, wenn es über den Stoff gleitet, an ein Boot auf einem See, die Wellen verschwinden hinter ihm. Rosie faltet die Wäsche und ordnet sie in Stapeln an, die sie teilt und wegräumt, einen Teil in die Schubladen der Kommode in meinem Zimmer, einen anderen in die Koffer und Schrankkoffer, die im Korridor nebeneinander warten, in Reih und Glied wie Soldaten. Mama kontrolliert, schaut nach, nimmt die Stapel auseinander, legt sie wieder zusammen, faltet die Sachen auseinander und wieder zusammen, zögert, wählt aus, ändert ihre Meinung. Und am Abend, als Papa von der Arbeit kommt, spricht sie wieder davon und fragt ihn nach seiner Meinung. Ich glaube, er antwortet, ohne ihr zuzuhören. Wie, wenn ich schlafe und Mama oder Rosie zu mir sprechen: Ich höre ihre Stimme, aber ich träume weiter.

*

Heute Morgen habe ich gesehen, wie Onkel Heinrich unter meinem Fenster parkte. Die Wagentür öffnete sich, er stieg aus, zündete sich eine Zigarette an und beobachtete dabei das Haus gegenüber. Die obere Etage im Hause Hitler war erleuchtet. Aber es wurde schon hell. Ich sah, wie sich hinter den grauen Vorhängen ein Schatten bewegte. Ich fragte mich, ob Hitler mich sah und ob er wusste, dass ich in die Ferien fahre. Die Türklingel hat mich aufschrecken lassen, und dann war Onkel Heinrich da. Ich lief ihm in die Arme. Alle waren guter Stimmung. Wir brachten die Koffer hinunter und schnallten sie auf das Autodach. Rosie, die nicht mit uns in die Ferien fuhr, nahm mich in den Arm und drückte mich so fest an sich, dass ich nicht mehr atmen konnte. Alle lachten über mich, und ich wurde wie immer rot. Dann fuhren wir los.

Da sind wir, in Onkel Heinrichs Auto. Mein Vater macht Scherze und stellt eine Menge Fragen über das Auto. Onkel Heinrich wirkt stolz und froh. Er sagt, dass es sich gut fährt und dass wir nicht lange brauchen werden für die 120 Kilometer bis zu seinem Haus, sechs Stunden vielleicht. Mama scheint das viel zu finden. Ich fühle mich wohl.

Wir sind seit zwei Stunden unterwegs. Onkel Heinrich erzählt, Richard Strauss, der Komponist, für den er arbeitet, habe eine Oper komponiert, die *Arabella* heißen wird. Ich weiß, wer Richard Strauss ist. Mama summt mir ein Stück aus *Salome* vor. Ich kenne es. Eines Abends hat sie mir die Melodie vom *Tanz der sieben Schleier* vorgespielt, bevor sie mit Papa zu einem Maskenball ging. Sie hat mir versprochen, dass wir das Stück in der Oper neben Hitlers Haus sehen werden, wenn ich groß bin. Alle rauchen im Auto, und ich bekomme Herzstechen davon. Onkel Heinrich erzählt, Richard Strauss hänge sehr am Geld und dass er ein kleines Palais in den Bergen besitzt, in Garmisch, in den Alpen, gegenüber der Zugspitze.

– Dieser alte Fuchs ist unermüdlich, sagt Onkel Heinrich. Wenn er nicht gerade komponiert, umgeben von seiner Familie, die kommt und geht, und Musikern, die er in seiner riesigen Villa empfängt und denen er auf dem Klavier vorspielt und -singt, dirigiert er leidenschaftlich gern die Opern von anderen: *Così fan tutte* von Mozart, *Tristan und Isolde* von Wagner. Er ist wie ein Metronom, unermüdlich, die rechte Hand in der Luft, der Taktstock spannungsgeladen, die andere Hand in der Hosentasche. So etwas habe ich noch nicht gesehen. Mit fünfundsechzig Jahren ist er vitaler als die Sänger. Manchmal, wenn die Seen zugefroren sind, geht er Schlittschuh laufen. Er sieht so streng aus dabei. Und erst recht beim Skatspielen: Er riskiert alles!

Mama erklärt, das sei ein Kartenspiel.

– Und wie hält er's mit der Politik? Fragt mein Vater.

– Er ist jedenfalls kein Nazi, antwortet Onkel Heinrich. Sein Sohn Franz hat übrigens gerade die hinreißende Alice Grab geheiratet, die zu uns gehört, mein lieber Schwager, eine vornehme Nachkommin Abrahams. Sie ist die Tochter von Emanuel von Grab, eines tschechischen Industriellen und alten Freundes.

– Juden, Nazis … sprecht endlich über etwas anderes!

Meine Mutter regt sich auf. Ihr werdet Edgar noch Angst machen.

Ich schlafe ein. Ich habe keine Angst. In meinem Traum bin ich der rote Baron. Ich bin Manfred von Richthofen. Ich bin ein Champion der Luftfahrt. Ich fliege eine Fokker DrI mit drei Flügeln. Mein Flugzeug ist rot und hat ein großes Eisernes Kreuz am Heck. Ich habe schon achtzig feindliche Flugzeuge abgeschossen. Ich greife die Franzosen an, verfolge die Engländer und jage die Kanadier und die Amerikaner. Ich werfe Bomben ab. Sie gehen im Sturzflug nieder. Meine Feinde retten sich mit dem Fallschirm. Durch die Wolken verfolge ich den englischen Champion Arthur Roy Brown. Bei jedem Sieg zeichne ich ein Kreuz auf das Cockpit. Ich trage eine Lederkappe und eine große Brille. Ich fliege über die Alpen hinweg und über das Haus von Richard Strauss. Ein kleines Mädchen führt für mich den *Tanz der sieben Schleier* auf. Sie singt. Ich rieche ihr Parfum, das blaue, ich höre ein Hupen und ich weiß nicht mehr, ob ich träume.

Ich erwachte in einem großen holzgetäfelten Zimmer. Ich stand auf und öffnete die Vorhänge. Da war ein großer grauer See. Auch der Himmel war grau, am Horizont war ein bisschen Rosa zu sehen, das sich mit der Farbe des Sees mischte. In der Ferne, in den Bergen, sah ich ein Schloss mit Türmen, die in den Wolken verschwanden. Es war das Schloss des Märchenkönigs. Da wusste ich, dass wir in der Nacht bei Onkel Heinrich angekommen waren. Ich öffnete die Tür meines Zimmers und ging hinunter. Onkel Heinrich war im großen Salon und trug einen Morgenrock aus Seide, ein gestreiftes Hemd und einen schönen Schal. Musik war zu hören. Und ich sah das Grammophon. Das ist ein Apparat mit einer Art Trompete, aber es ist eher wie eine große Muschel, aus der die Musik kommt. Auf einem runden Sockel drehte sich eine ganz schwarze Scheibe. Und wieder war es *Der Tanz der sieben Schleier*. Ich habe ihn sofort wiedererkannt, und Onkel Heinrich hat gesagt, ich hätte ein gutes Ohr. Papa und Mama sind gekommen. Ich rannte ihnen in die Arme. Onkel Heinrich sagte noch einmal, dass ich musikalisches Talent hätte, und ich bemerkte, wie sie sich freuten. Ich wäre lieber ein Ass im Fliegen.

Wir sind schon lange in den Ferien. Ich hätte Lust, mein ganzes Leben hier zu bleiben. Es ist besser als in München. Im großen Salon spielen wir ein paar Mal das Gänsespiel. Im Garten spielen wir Krocket, mit Schlägern kicken wir nach bunten Holzkugeln, die durch kleine Bögen im weichen Gras rollen. Wir suchen nach vierblättrigem Klee. Eines Nachmittags las meine Mutter in den Linien meiner Hand, dass ich mindestens hundert Jahre alt werde. Das heißt, ich lebe bis 2024. Jeden Tag baden wir im See, nur ich nicht, denn ich kann noch immer nicht schwimmen. Ich habe Angst, zu ertrinken wie der Märchenkönig. Ich spiele weiter am Ufer mit meinen kleinen Schiffen, und Mama passt auf mich auf, dann gehen wir ins Haus zum Mittagessen. Am Nachmittag muss ich Mittagsruhe halten. Ich bin nicht müde, ich denke nach, betrachte die Gegenstände in meinem Zimmer und frage mich, ob sie mich sehen, dann schlafe ich ein. Mein Vater und Onkel Heinrich arbeiten unter der Woche in München und kommen am Freitag zu uns. Ohne

Unterlass sprechen sie über die Nazis und unseren Nachbarn Hitler, und ich habe genug, es ist nicht lustig, und Mama ist ganz meiner Meinung.

Heute werden wir das Schloss des Märchenkönigs besichtigen – vorausgesetzt, wir sind rechtzeitig da! Ich frage mich, ob es eine Zugbrücke gibt und alte Waffen in den Büschen, verirrte Pfeile, die vom Bergfried aus mit der Armbrust abgeschossen wurden, oder Schätze oder Skelette von vergessenen Gefangenen oder einen Geheimgang, dessen Eingang man finden könnte, wenn man gut sucht. Wir konnten nicht in das Schloss hinein. Stattdessen haben wir am Seeufer ein Picknick gemacht. Um die Wespen wegzulocken, haben meine Eltern Erdbeerkonfitüre auf kleine Teller verteilt, die sie um uns herum aufstellten. Die Tiere haben uns in Ruhe gelassen und ihr kleines Mahl genossen. Dann haben wir Fangen und Blindekuh gespielt. Wir haben Zitronenwasser getrunken und sind wieder losgefahren.

Es war noch schön draußen. Am Himmel konnte man die Sonne und den Mond gleichzeitig sehen. Es wurde dunkel. Wir fuhren schnell. Mama kurbelte das Fenster hoch, damit die Mücken nicht hereinkamen. Dann blieb das Auto ganz plötzlich stehen. Wir waren stecken geblieben. Mein Vater ging los, um Hilfe zu holen. Währenddessen habe ich gebetet. Ich wollte, dass wir lange hier festsaßen, dass wir gezwungen sein würden, im Schloss Ludwigs II. zu übernachten. Papa kam mit drei Bauern zurück. Sie sprachen mit einem seltsamen Akzent, ich verstand nicht alles. Sie stellten sich um das Auto herum und stemmten es mit ihrer Muskelkraft hoch. Ich durfte im Auto sitzen bleiben, das wie ein Schiff schaukelte. Auf der Rückfahrt schlief ich mit dem Kopf auf Mamas Knien, eingewogen vom Surren der Erwachsenenstimmen. Ich erinnere mich nicht mehr, wann wir bei Onkel Heinrich angekommen sind. Ich bin in meinem Bett aufgewacht. Es war schon Morgen.

Seit gestern regnet es und man kann nicht mehr zum Seeufer gehen. Der Sommer geht zu Ende, hat Mama gesagt. Die Villa wirkt traurig. Sie ist zu groß, zu kalt. Ich langweile mich. Ich habe keine Freunde, mit denen ich spielen könnte, meine Spielzeugautos habe ich zu Hause in München gelassen, und ich möchte Rosie wiedersehen. Ich wünsche mir, dass wir nach Hause fahren und ich in mein Zimmer kann, um mit meinen Sachen zu spielen. Ich frage mich, ob unser Nachbar auch aus den Ferien zurück ist. Ich hoffe nicht. Ich wünschte, er würde woanders wohnen, er würde verschwinden. Dass man ihn im Schloss des Märchenkönigs einschlösse. Oder dass er ertränke wie Ludwig II., im großen See von Onkel Heinrich.

*

Die Ferien waren lang. Jetzt bin ich groß. Als wir zurückkamen, hatte Rosie ganz rote und glänzende Augen. Ich dachte, sie würde gleich weinen. Ich sagte zu ihr, sie solle nicht traurig sein, und sie sagte, sie hätte Tränen in den Augen, weil sie glücklich sei, mich wiederzusehen. Ich musste schlucken.

Am darauffolgenden Tag sah ich, dass Herr Hitler da war. Auch er war zurück. War er mit seiner Familie in die Ferien gefahren? Haben sie ein Picknick gemacht?

Tagsüber klingelte das Telefon ununterbrochen. Papa kam früh aus dem Büro zurück, mit einem Stapel Zeitungen unterm Arm. Onkel Heinrich kam vorbei. Er wirkte besorgt. Ich traute mich nicht, ihn zu begrüßen, so traurig kam er mir vor. Am Abend, nach dem Baden und dem Abendessen, erklärte mir Papa, dass Onkel Heinrich fast sein ganzes Geld verloren habe und seine Villa am See verkaufen müsse. Ich dachte an den Strand, an das Grammophon, an das Krocketspielen, an das Schloss des Märchenkönigs, an den vierblättrigen Klee und an mein holzgetäfeltes Zimmer. Ich fragte ihn, ob es wegen des »Schwarzen Donnerstags« sei, von dem ich Onkel Heinrich habe sprechen hören. Er lächelte und antwortete mir:

– Ja, schwarz hat man den gestrigen Tag genannt, denn es war ein Tag der Trauer für die Menschen, die all ihre Ersparnisse verloren haben, manche auch ihr Haus.

Ich fragte ihn, ob wir jetzt ruiniert sind. Er nahm mich lachend in den Arm: Der Reichtum meiner Eltern sei ihr kleiner Junge, und den könne ihnen niemand jemals wegnehmen.

1930

Indem mich die Göttin der Not in ihre Arme nahm und mich so oft zu zerbrechen drohte, wuchs der Wille zum Widerstand, und endlich blieb der Wille Sieger.
Das danke ich der damaligen Zeit, daß ich hart geworden bin und hart sein kann. Und mehr noch als dieses preise ich sie dafür, daß sie mich losriß von der Hohlheit des gemächlichen Lebens, daß sie das Muttersöhnchen aus den weichen Daunen zog und ihm Frau Sorge zur neuen Mutter gab, daß sie den Widerstrebenden hineinwarf in die Welt des Elends und der Armut und ihn so die kennenlernen ließ, für die er später kämpfen sollte.

Adolf Hitler, *Mein Kampf,* über seine Schwierigkeiten als junger Künstler in Wien

SEIT HEUTE MORGEN tanzen die Schneeflocken am Himmel. Man kann das Haus gegenüber nicht mehr sehen. Vor ein paar Tagen kam der Weihnachtsmann vorbei. Ich habe ihn nicht gesehen. Er muss mit seinem Pferdeschlitten hergekommen sein. Er hat mir wieder viel Spielzeug dagelassen, aber ich langweile mich, weil ich allein bin. Ich hätte gern einen richtigen Bruder oder eine richtige Schwester hier zu Hause. Meine Schwester Dorle ist Weihnachten hergekommen. Mit ihrer Mutter. Sie sind mit dem Zug aus Berlin gekommen. Von meinem Fenster aus habe ich gesehen, wie sie aus einem Taxi ausgestiegen sind, vollbepackt mit Koffern und Geschenken. Ich dachte mir, dass sie für mich seien. Als sie in unsere Etage kamen, waren die Geschenke seltsamerweise verschwunden! Ich wollte es nicht zeigen, aber ich war enttäuscht. Zum Glück gab es am nächsten Tag für uns alle viele Geschenke unterm Weihnachtsbaum, und einige davon sahen genauso aus, wie die, die ich am Abend zuvor in den Armen von Dorle und ihrer Mutter gesehen hatte.

Dorles Mutter heißt Lilly. Ich sage Tante Lilly zu ihr. Ihr macht es Spaß, mit meiner Mutter zusammen meinen Vater zu necken. Sie sagen, er sei faul und leichtsinnig und er könne sich nicht gut anziehen. Das bringt ihn zum Lachen. Und mich auch. Wir haben zusammen mittaggegessen. Tante Lilly ist abgereist und Dorle hat ihren Koffer in meinem Zimmer ausgepackt. Ich mag es gern, wenn sie bei uns wohnt. Ich darf ihre Sachen nicht anfassen, aber ich sehe mir alles an. Sie hat eine Tasche voller Bücher, die gar keine Bilder drin haben, sondern nur Buchstaben. Außerdem sind in dem Koffer viele Zeitschriften. Sie liest die *Berliner Illustrierte Zeitung*, die mein Vater sorgfältig in seinem Büro aufbewahrt. Ich schau sie zusammen mit ihr an und stelle ihr Fragen. Ich darf die Seiten nicht anfassen, weil sie schmutzig werden oder zerreißen könnten, deshalb blättert sie sie um. Sie kennt alle Filmschauspielerinnen. Marlene Dietrich ist die schönste. Manchmal verkleidet sie sich wie sie: Sie trägt Lippenstift auf, setzt sich einen Hut meines Vaters auf den Kopf, zieht eine kleine Jacke an, aber keine Hosen. Nur Strümpfe. Sie singt: *Ich bin von Kopf bis Fuß auf Liebe eingestellt.*

Dorle hat mir einen Artikel über den Vampir von Düsseldorf vorgelesen, einen Verbrecher, der abends die Kinder in dieser Stadt tötet. Er bietet ihnen Bonbons an, nimmt sie mit, und später findet man dann ihre Leichen in einem abgelegenen Winkel. Er hat Dutzende von Kindern umgebracht, hat sie erstochen oder erwürgt. Aber die Polizei schafft es nicht, ihn zu erwischen. Man weiß nicht, wer er ist. Jeder in Düsseldorf verdächtigt seinen Nachbarn und niemand lässt sein Kind mehr aus dem Haus. Auch in München wird empfohlen, die Kinder nicht ohne Aufsicht zu lassen. Mama hat mit Dorle geschimpft, und zu mir sagte sie, ich soll diese Geschichten nicht glauben. Ich weiß aber, dass die Zeitungen die Wahrheit schreiben und mich Dorle niemals anlügt. Seither habe ich Angst, dass der Vampir von Düsseldorf nach München kommt. Dorle hat mir Fotos von Bettlern gezeigt, aber ich habe keinen von denen wiedererkannt, die bei uns waren. Dorle hat mir gesagt, in Berlin gebe es noch mehr, vor allem seit diesem Schwarzen Donnerstag. Auf einer Seite habe ich unseren Nachbarn wiedererkannt, Adolf Hitler. Ich habe Dorle vom Fenster aus sein Haus gezeigt.

Die ganze Woche lang hat mir Dorle aus den Zeitungen vorgelesen. Sie sagte mir, sie wäre gern Schauspielerin und wolle in Amerika leben, in Hollywood. Sie erzählte mir von ihren Lieblingsfilmen. Als sie so klein war wie ich, war ihr Lieblingsschauspieler Charly Chaplin. Sie hat mir ein Foto gezeigt. Ich fand, dass er Hitler ähnlich sieht. Sie haben den gleichen kleinen Schnurrbart. Auf dem Foto war

Chaplin als Bettler verkleidet. Er saß da mit einem Kind, das so alt war wie ich. Dorle sagte mir, in Hollywood könne man schon mit fünf Jahren Schauspieler werden und dass der Schauspieljunge auf dem Bild, Jackie Coogan, mit sieben Jahren schon reicher war als seine Eltern. Ich werde auch bald sieben. Dann zeigte sie mir *Micky Maus*, einen Comic. Das ist eine schwarz-weiße Maus, die auf der Straße spazieren und ins Kino geht. In dem Buch ist alles bunt, bis auf Micky, so als ob der Zeichner vergessen hätte, ihn auszumalen. Ich habe meine Mutter gefragt, ob sie mit mir ins Kino geht. Ich will Chaplin sehen. Ich will Zeichentrickfilme sehen. Ich will Micky sehen. Sie hat mir versprochen, dass wir bald hingehen.

*

Als wir heute Morgen spazieren gingen, kamen wir an seinem Haus vorbei. Dorle wollte seinen Namen an der Tür lesen, »Adolf Hitler«. Der Wachmann sah sie starr an, Rosie nahm sie bei der Hand und beschleunigte ihren Schritt. Weiter weg flüsterte sie Dorle zu, sie hätte nicht hinsehen dürfen. Meine Schwester entgegnete ihr trocken, das sei nicht verboten und dann sagte sie noch:

– Jedenfalls steht nicht sein Name an der Tür. Da steht »Winter« und nicht »Hitler«!

Ich hatte es noch nicht erlebt, dass ein Kind einem Erwachsenen widerspricht. Rosie sagte nichts. Es war kalt, immer noch schneite es. Die Fußgänger liefen langsam, um nicht auszurutschen. Der Wachmann beobachtete uns. Rosie drehte sich um, dann gingen wir weiter.

Wir wollten meinen Vater im Café Fürstenhof treffen. Auf der anderen Straßenseite warteten wir auf die Tram, in Blickweite des Mannes, der unten vor Hitlers Haus stand. Ich war erleichtert, als ich die Räder auf den Gleisen hörte, die sich über die gepflasterte Straße schlängelten. Der Fahrer klingelte mit seiner Glocke. Wir traten etwas zurück, um die Passagiere aussteigen zu lassen, und stiegen dann ein. Alle im Waggon rauchten, wir drängten uns aneinander, Dorle wollte sich auf eine der Holzbänke setzen. Mit strenger Miene forderte Rosie sie auf, den Platz den Erwachsenen zu überlassen. Genau vor dem Café stiegen wir aus. Es ist ein riesiger Saal, in dem ich immer Angst habe, niedergetrampelt zu werden. Die Kellner rennen vorbei, mit Tabletts voller Biergläser, die sie über dem Kopf halten. Mein Vater saß ganz hinten, mit seinem Bruder, dem Kriegsveteran, meinem Soldaten-Onkel Berthold. Er sagte zu Rosie, sie könne einen Bummel machen und bestellte unsere Lieblingssüßspeise. Wir nehmen immer das Gleiche, Dorle und ich. Ein Schokoladeneis mit Schlagsahne und geschmolzener Schokolade oben drauf. Dorle erzählte sofort, Hitler habe einen falschen Namen an seiner Tür. Aber Papa wusste das schon. Die beiden Männer fingen an zu diskutieren.

– Ja, ja, ich weiß, sagte mein Vater. Es ist der Name seiner Haushälterin. Er hat Angst, dass man ihn belästigen könnte. Er ist eine Memme.

– Ludschi, du weißt genau, dass er im Schützengraben war wie ich. Weshalb sollte er Angst vor seinem Schatten haben? Er will nur nicht von all den Frauen belästigt werden, die ihm nachstellen, das ist alles.

– Ach ja! Die Schützengräben! Er stöhnt die ganze Zeit, während er über seinem langweiligen *Mein Kampf* sitzt. Er lamentiert. Er schreit. Er heult. Man stelle ihn sich vor, wie er sein Buch schreibt und sich dabei wie ein verdreckter Bengel auf dem Boden herumwälzt. Er hat es auf die ganze Welt abgesehen, jawohl! Auf die Franzosen, auf die Generäle, auf seinen Hauptgefreiten, auf die Juden, auf die Ratten … Übrigens macht er keinen Unterschied zwischen den beiden letztgenannten Arten – denn seiner Ansicht nach sind die Leute, die den jüdischen Glauben praktizieren, eine Art für sich. Eine Unterrasse, sagt er. So etwas wie Ungeziefer, um eine seiner

Ausdrucksweisen als Schreiber zu benutzen. Charmant, nicht wahr? Und was macht man mit dem Ungeziefer? Dreimal darfst du raten.

– Ja, Hitler ist ein Dreckskerl. Aber du weißt doch, die Welt steht Kopf. Was wird mit uns geschehen? Was wird aus uns? Wie wird es mit Deutschland weitergehen? Wir müssen etwas unternehmen!

– Aber ist dir klar, dass Hitler die Juden und die ganze Welt hasst, wie alle seine Kameraden? Er ist wirr, verbittert, paranoid, gewalttätig und, vor allem, gefährlich. Du weißt, dass Lion in ein paar Tagen ein Buch über ihn herausbringt? *Erfolg*, es beschreibt den Aufstieg eines Elenden in seiner Welt. Sehr komisch. Er schildert ihn als eine Art Hysteriker, der gegen alles und jeden wettert. In seinem letzten Buch, in *Jud Süß*, hat Lion ja schon erzählt, wie in der Vergangenheit andere Emporkömmlinge die Massen dazu gebracht haben, zu Mördern an unseren Vorfahren zu werden. Dieses Buch ist das einzige, das *Mein Kampf* in Sachen Verkaufszahlen schlägt. *Erfolg* dürfte für noch mehr Wirbel sorgen, weil er darin Hitler selbst ins Lächerliche zieht. Lion hofft, Hitlers Lesern begreiflich machen zu können, was für ein Usurpator dieser frustrierte Maler ist, und vor allem, was für eine gefährliche Person, die uns Jahrhunderte zurückwirft.

– Aber Lion hat zu viel Phantasie. Wir leben ja schließlich nicht mehr im Mittelalter. Die Leute reisen. In einer Nacht ist man in Rom oder in Paris. Selbst Hitler wurde nicht in einer Höhle geboren. Er bewundert Wagner und er hat die großen Philosophen gelesen. Im Übrigen dachte ich, du hättest ihn kennengelernt, als du jung warst …

– Kennengelernt? Das ist zu viel gesagt. Er zog hier herum. Man lief sich über den Weg. Aber wir haben nie miteinander gesprochen. Er war es, der eines Tages kam und der Lion und Bertolt Brecht im Café Heck begrüßte. Das war vor seinem Größenwahn, vor dem Putschversuch 1923. Das einzig Gute an dieser Putschaffäre war übrigens, dass er sechzehn seiner Handlanger verlor und zu fünf Jahren

Gefängnis verurteilt wurde. Wenn ich daran denke, dass man ihn nach nur neun Monaten auf Bewährung entlassen hat – was für ein Fehler! Als ob sich jemand wie er bewähren könnte. Weißt du, dass er sich verpflichtet hat, nie wieder politisch aktiv zu werden? Wäre das Urteil ordnungsgemäß umgesetzt worden, hätte man ihn erst letztes Jahr aus der Haft entlassen. Man hätte bloß das Gesetz anwenden müssen, und wir wären ihn und seine Partei los gewesen. Jetzt weiß er, wie man es anstellen muss. Er macht sich nicht mehr selbst die Hände schmutzig. Er bleibt am Rande der Legalität und versteckt sich hinter den Vorhängen seiner kleinbürgerlichen Wohnung. Übrigens sieht er jetzt genau so aus wie die, die er neuerdings auf seine Seite ziehen will, die Kleinbürger, die Angst haben, alles zu verlieren und auf der Straße zu landen. Er sieht aus wie ein ganz normaler Bürger. Er sieht aus wie ich. Er sieht aus wie wir alle. Er wohnt im selben Viertel, er trägt den gleichen Anzug und er hat die gleichen musikalischen Vorlieben. Aber der Schein trügt, es ist nur eine Maske. In der Dunkelheit haben seine Leutnants weder etwas an ihren Methoden noch an ihren Zielen geändert. Hitler ist unser Nachbar, aber er ist ein gefährlicher Mann. Weißt du, dass er jetzt »König von München« genannt wird?

Der Kellner kam zu uns, ein alter Mann, dessen weißer Schnurrbart das ganze Gesicht ausfüllte, da er beide Wangen überzog und unter der Nase zusammenlief. Mit einer Hand hielt er das Tablett in die Höhe, auf dem ich mein Eis in einem beschlagenen Glas thronen sah. Mein Vater hielt inne, damit der Kellner servieren konnte. Er stellte die Teller hin, legte das Besteck und Servietten dazu; die ersehnten Süßspeisen kamen auf eine Untertasse, für meinen Papa und seinen Bruder wurden zwei Bierkrüge gereicht. Mein Vater ließ einen Groschen auf das Tablett mit Desserts, schaumbekrönten Biergläsern und schmutzigen Aschenbechern gleiten. Der Kellner bedankte sich mit einem Kopfnicken und verschwand wieder. Mein Onkel setzte das Gespräch fort.

– Mit Hitlers Partei jedenfalls ist nicht mehr viel los. Bei den nächsten Wahlen müssen sie dran glauben.

– Meinst du? Vor unserem Haus kommen jedenfalls täglich ganze Horden von ihnen vorbei und grüßen ihn mit erhobenem Arm wie Gladiatoren den römischen Kaiser. Von unserem Wohnzimmer aus kann man beobachten, wie er auf diese Masse von Idioten herabsieht, die einen Kniefall vor ihm macht und ihm wie einem Halbgott zujubelt. Es wäre ihm zuzutrauen, dass er alle Welt dazu bringt, die Toga zu tragen und die Sklaverei wieder einzuführen. Soll er ruhig davon träumen! Und seine Truppen ebenso! Ich sehe schon, wie sie sich betrinken in den Kneipen gleich hinter unserem Haus und jeden Abend den berühmten gescheiterten Putsch ihres heiligen Führers feiern, wie sie auf ihre sechzehn Märtyrer anstoßen und davon träumen, es das nächste Mal zu schaffen. Wir würden uns vorkommen, als hätte man uns um ein paar Jahrhunderte zurückversetzt. Inmitten von Kriegerstämmen, grausamen Wilden. Die SA-Leute, die aussehen wie unechte Soldaten, terrorisieren die Kinder, die Frauen, die Männer und die alten Leute, die sie auf der Straße antreffen. Sie ziehen herum, oft betrunken, und grölen etwas von Übermenschen, für die sie sich halten, und von ihrem angeblich so reinen Blut, doch sie treten immer nur in der Gruppe auf, in der Horde, der Meute. Ach, sie werden die Macht ergreifen wie ihre barbarischen italienischen Komplizen. Ich fürchte um unsere feine Republik, die diese Raubtiere leider frei herumlaufen lässt. Ja, sie sind auf ein Blutbad aus.

– Und wenn sie tatsächlich an die Macht kämen? Aber das ist unmöglich! Bei den letzten Wahlen haben sie keine 3 Prozent bekommen. Das Land ist viel zu republikanisch gesinnt, um für sie zu stimmen. Seit dem Krieg gibt es nur noch Pazifisten, Drückeberger, Beamte, Linksextreme, Kommunisten, die nur das Wort »Republik« auf den Lippen führen, so als ob es Millionen von Arbeitern satt machen könnte, die durch den Versailler Vertrag und diesen verfluchten Schwarzen Donnerstag arbeitslos geworden sind, durch die

Banken von New York, London und Paris … Weißt du, dass die Zahl der Arbeitslosen sich in diesem Jahr verdoppelt hat? Jetzt gibt es zehn Millionen von ihnen. Und unsere Regierungen denken an nichts anderes als daran, die Unternehmen zu entlasten und Sozialleistungen für Privatpersonen zu kürzen. Und mit welchem Resultat! Immerhin ist dein Nachbar daran nicht schuld!

– Fang nicht schon wieder an …

– Ja, gut. Was ich noch sagen wollte, sollte Hitler an die Macht kommen, würde er auch nichts Schlimmeres anstellen als die anderen unfähigen Leute, diese linken oder rechten Radikalen, diese verdorbenen Herren, die uns regieren. Abgesehen davon, dass man all diesen reichen Typen einen Tritt versetzen würde, während das Volk leidet.

– Und die Juden? Was meinst du, wird er mit den Juden anstellen? Mit den Zigeunern? Mit den Kommunisten, den Gewerkschaftlern, mit all denen, die nicht seiner Meinung sind? Welches Schicksal hält er für sie bereit?

– Das ist alles Bluff, nur Worte, jugendliches Gerede, aus der Wut heraus gesprochen, im Gefängnis. Das steht übrigens nicht mehr in seinem Programm. Erinnerst du dich an meinen Freund Ferdl Weiß?

– Den Schauspieler? Kennst du ihn?

– Ja, wir haben zusammen gekämpft … Na ja, er kennt Hitler. Er hat mir gesagt, er sei überhaupt nicht der Mann, für den man ihn hält. Er hat ihm übrigens von mir erzählt und ihm gesagt, ich sei der lebende Beweis dafür, dass die Juden keine Feiglinge sind. Hitler habe ihm zugestimmt. Gut, habe er gesagt: »Er ist die Ausnahme, die die Regel bestätigt.« Aber das war ein Scherz. Er hat Humor. Und am Ende sind viele der Meldungen falsch, musst du wissen. Die Franzosen haben Einfluss, die Amerikaner auch. Und die Briten ebenso. Sieh doch mal, in Italien regiert Mussolini, der Duce, jetzt schon seit fast zehn Jahren. Ihr Land läuft viel besser, das versichere ich dir. Die Demokratie hat auch ihre Schwächen. Unter anderem die, alle schlecht zu machen, die sie in Frage stellen.

– Du glaubst also, sie würden dich verschonen? Hast du denn nicht *Mein Kampf* gelesen?

Ein Kellner hat sein Tablett fallen lassen. Man konnte hören, wie Glas auf dem Boden zersprang. Die Gäste haben applaudiert. Ich sah mich um. Zigarrenqualm füllte den Raum. Der Rauch brannte mir in den Augen. Mein Eis war köstlich, ich habe mein Gesicht hineingetaucht und meinen Atem im Glas gehört.

– Ich habe es gekauft, wie alle, fährt mein Onkel fort ... Aber ich muss zugeben, dass ich es nicht gelesen habe. Jedenfalls nicht ganz, ein paar Seiten nur, über den Krieg.

– Du solltest es lesen. Es ist konkreter, als du denkst. Das versichere ich dir.

– Mag sein ... Aber sieh doch mal, in welchem Zustand sich das Land befindet. Wenn wir nur ein paar Monate länger gekämpft hätten, anstatt so aufzugeben und alles unseren Feinden zu überlassen, die uns jetzt vereinnahmen und ausbeuten!

– Du solltest dir eine Arbeit suchen, eine Frau. Du solltest ...

– Wirst du wohl aufhören! Ich sage dir doch auch nicht, wie du dein Leben zu führen hast. Sprechen wir von etwas anderem ...

Draußen wurde es dunkel. Ihre Worte drangen zu mir, aber ich hörte ihnen nicht mehr zu. Die Stimmen hallten wider. Das machte einen Heidenlärm, ein dumpfes Getöse, wie wenn ich in der Badewanne die Ohren unters Wasser halte. Ich konnte die Gläser hören, das Rücken der Stühle, Hupgeräusche von draußen und die Leute, die nach dem Kellner riefen.

– Bürschi, träumst du?

Mein Onkel schreckte mich auf. Ich bin auf seine Knie geklettert. Mein Vater und meine Mutter kritisieren ihn oft, aber ich finde, er ist nett. Er ist ganz schön mutig. Er war im Krieg! Ich bewundere ihn.

– Hast du Hitler kennengelernt? Warst du mit ihm in den Schützengräben? War er dein Freund?

– Mein Freund? Bist du übergeschnappt? Mein Feind, wolltest du sagen! So einer wie der hätte es verdient, auf dem Schlachtfeld zu enden. Hör mal gut zu, Bürschi, dein Nachbar sieht aus wie ein ganz normaler Mann, aber unter seinem Schnurrbart verbirgt sich der größte Feigling unter all den Verrückten. Dein Vater hat Recht.

Mein Vater lächelte. Er zahlte die Rechnung und wir standen auf. Rosie erwartete uns draußen. Wir umarmten meinen Onkel und kehrten nach Hause zurück.

Vor dem Haus blickten wir alle nach oben. Ich sah die Silhouette von Adolf Hitler am Fenster. Er wirkte ganz klein. Er sah irgendwohin in die Ferne. Wir sind ins Haus gegangen, ohne ein Wort zu sagen.

*

Unsere Verwandten, die Bernheimers, haben uns eingeladen, den Tag heute bei ihnen zu verbringen. Sie haben uns ihr Auto geschickt, es ist ein amerikanisches: ein roter Packard mit weiß umrandeten Reifen und einem Trittbrett, das sich seitlich wie eine Welle über die Räder aufschwingt. Die Kühlerhaube ist so lang wie unsere Diele, der Kühlergrill, ein metallenes Geflecht, so hoch wie ein Fenster, eine Fee scheint hoch oben zum Höhenflug anzusetzen, mit zum Horizont ausgebreiteten Armen, in den Händen hält sie einen Reifen. Die Windschutzscheibe lässt sich herunterklappen, sie ist ganz klein, damit sie dem Wind nicht zu viel Widerstand bietet und so das Fahrzeug langsamer macht. Die Karosserie erinnert an eine Gondel, man steigt hinein wie in eine Kutsche. Der ganze Himmel spiegelt sich in ihr. Die vier verchromten Scheinwerfer sind breit wie Straßenlaternen. Amesmeyer, der Fahrer, trägt eine dunkle Uniform mit goldenen Knöpfen. Seine schwarze Schirmmütze passt gut zum

Auto, mit ihrem weißen Saum, den roten Nähten und dem spiegelglatten Schirm. Als er sich zu mir herunterbeugt, um mir mit seiner behandschuhten rechten Hand meine linke zu drücken, kann ich in dem Schirm die Wolken sehen. Sie wirken verformt und ziehen sich wie Wassertropfen über das Vinyl. Amesmeyer nimmt das Verdeck ab, und ich fühle mich wie ein Prinz, der, im Fond einer Kutsche sitzend, herumgefahren wird. Er setzt den Motor in Gang. Es ist ein Geräusch wie von strömendem Wasser, ein fließender Sturzbach. Wir fahren los. Wir rudern. Ich sehe Hitlers Mercedes, der mir kleiner vorkommt. Steht er am Fenster? Das Gebäude verschwindet. Wir fahren durch die Stadt. Ich sehe Frauen, die Kinderwägen schieben, alte Leute auf Bänken, seilspringende Kinder, berittene Polizisten, einen Park mit noch kahlen Bäumen, denn der Winter ist ja gerade erst vorbei. Die Heizungswärme umhüllt uns, streichelt unsere Beine. Wir sind in eine Schottendecke eingewickelt. Es gibt sogar eine Blumenvase. Ich fühle mich glücklich. Ich werde es mein ganzes Leben lang sein, das weiß ich.

Amesmeyer öffnet uns die Tür des Packard, und wir steigen aus. Das Haus der Familie Bernheimer kann man auch als vornehmes Stadtpalais bezeichnen, denn man wird hier wie in einem Hotel empfangen. Wir klingeln an der Tür und ein Haushofmeister öffnet uns. Ein anderer, in Frack und grauen Hosen, ist uns beim Ablegen der Mäntel behilflich und bringt sie in einen Raum, den ich noch nie betreten habe. Ich bin etwas verlegen, denn ich ziehe mir den Mantel lieber allein aus. Nichts zu machen, er ist immer schneller als ich. Er nennt mich Herr Edgar.

Meine Cousine Ingrid ist da und erwartet mich, sie steht in der Eingangshalle, wo Gemälde hängen, die so groß sind wie Fenster. Sie trägt rote Lackschuhe. Wie Kirschen. Sie hat graue Strumpfhosen an und ein rotes Kleid mit Spitzenkragen. Das blonde Haar wird von einer goldenen Haarspange zusammengehalten. Sie reicht mir die Hand und zieht mich weg zum Spielen. Ihr Zimmer, nur wenig kleiner als unsere gesamte Wohnung, ist eingerichtet wie ein Miniaturschloss, mit einem Prinzessinnenbett und einem riesigen Puppenhaus, in das wir hineingehen können. Wir spielen den ganzen Tag darin und stellen uns andere Welten vor: Sie ist eine Königin und ich bin ein Ritter, ich bin ein Fischhändler, sie ist eine Mutter mit vielen Kindern. Um 4 Uhr nachmittags haben wir Hunger. Zeit zum Brotzeitmachen. Wir gehen durch den Garten und dann durch das Haus, bis wir in die Küche gelangen, wo allerlei Leckerbissen sorgfältig auf Silbertabletts angerichtet sind. Ich bin ganz versessen auf das Bündnerfleisch und die kleinen Würstchen, die wir in den Mostrich tunken, während uns die Gouvernante Orangensaft bereitstellt und Granatapfelsirup, der aus Paris kommt. Im Salon sind Bärenfelle auf roten Kanapees ausgebreitet, die so groß sind wie die Boote, mit denen wir im Sommer auf den See hinausfahren. Ingrids Mutter spielt auf einem Flügel.

Wir gehen oft zu den Bernheimers. Einmal haben wir hier Weihnachten gefeiert. Ich war angezogen wie ein erwachsener Mann, mit einem kleinen Smoking und blankpolierten Schuhen. Die Frauen trugen mit Federn besetzte Hüte und Satinhandschuhe, ihre Gesichter waren hinter einem schwarzen Netz verborgen, durch das man die geschminkten Augen, das Rot ihrer Lippen und ihr perlmuttschimmerndes Lächeln erahnen konnte. Die geladenen Gäste ließen sich ihre Garderobe abnehmen, die die Zimmermädchen vorsichtig forttrugen: einen Mantel aus Fuchspelz oder Zobel, die mit einem goldenen Knauf versehenen Spazierstöcke der Ehemänner, ihren Zylinder und lange dunkle oder farbige Mäntel. Draußen fuhren die Wagen vor. Ich beobachtete die Parade. Mit ihren behandschuhten Händen öffneten die Hausdiener die Wagentüren und gaben so den Blick frei auf das Innere aus rotem, haselnussbraunem, grauem, schwarzem, cremefarbenem oder weißem Leder. Im Salon spielte ein Orchester neben dem Tannenbaum bekannte Melodien von Mozart, Beethoven, Händel, Bach und anderes, Leichteres, Jazz und Foxtrott. Bevor wir in Ingrids Zimmer ins Bett gebracht wurden, habe ich gesehen, wie die Erwachsenen tanzten, wobei sich ihre Knie und Arme immer schneller überkreuzten. Lange noch konnten wir die Geräusche des Festes hören, das Lachen der Großen, und wir ließen uns von den Klängen der Geigen, des Klaviers und der Klarinette in den Schlaf wiegen.

Bei meinen Verwandten fühle ich mich wie zu Hause, auch wenn alles unendlich viel größer ist und voller geheimnisvoller Gegenstände. Sie sammeln Gemälde, sie stellen sie aus und verkaufen sie wieder. In den Arbeitsräumen von Ingrids Vater, wo wir Ingrid manchmal am Nachmittag besuchen, sieht es aus wie im Museum. Das Parkett glänzt wie eine Eisbahn, wir rutschen darauf herum, wir stürzen los wie die Schlittschuhläufer, die uns Ingrids Vater auf einem niederländischen Gemälde gezeigt hat. Wir haben etwa hundert gezählt auf dem Eismeer, das ihr Dorf umgibt. Wir rennen mit aller Kraft und schlittern über unsere Rutschbahn in den mit Gemälden vollgehängten Gängen. Die Aufseher kennen Ingrid und schimpfen nie mit uns. Sie bitten uns nur, uns von den Gemälden fernzuhalten, aus Angst, wir könnten sie herunterreißen oder beschädigen.

Wir sind bei den Bernheimers, in ihrem Landhaus in Oberföhring. Die Villa ist weitläufig wie ein Schloss. Ingrids Eltern haben Angst, dass wir uns im Park verlaufen, deshalb folgt uns das Kindermädchen auf Schritt und Tritt: zu den Pferdeställen, in den Gemüsegarten, in die Gewächshäuser, zur Orangerie, in den Irrgarten, auf die Tennisplätze. Hier finden wir Hunde und Katzen und einen kleinen süßen Welpen. Dieses Jahr haben wir die Ferien bei anderen

Freunden meiner Eltern verbracht, der Familie Siegel. Sie haben kein Schloss, ihr Haus in München ist kleiner als das der Bernheimers, und ihr Landhaus in Walchensee ähnelt mehr einer Hütte als einer Villa. Die Kühe laufen frei herum vor der bergigen Landschaft. Vor allem aber haben unsere Freunde eine Tochter in meinem Alter: Beate. Sie und ich waren den ganzen Sommer zusammen. Jeden Abend haben wir den Sonnenuntergang beobachtet, Hand in Hand, und dabei so viele Margeritenblütenblätter abgezupft, dass am Ende der Ferien keine mehr da waren. Wir waren traurig, als wir uns verabschieden mussten, aber wir wussten auch, dass wir nicht lange getrennt sein würden.

Beate wohnt bei uns um die Ecke, auf der anderen Seite des Platzes, an dem Hitlers Haus steht.

Seit wir aus den Ferien zurück sind, wird zu Hause über nichts anderes als Politik gesprochen. Onkel Lion hat sein Buch veröffentlicht. Es liegt in allen Buchhandlungen aus. Wenn wir spazieren gehen, zeigt es mir Rosie in den Schaufenstern. Ich bin stolz, wenn ich es sehe. Es scheint sich besser zu verkaufen als *Mein Kampf*, hat uns der Buchhändler gesagt. Ich weiß, dass er schlecht über Hitler spricht, und ich weiß auch, dass unser Nachbar ein gefährlicher Mann ist. Meine Eltern, meine Großeltern und die Eltern von Beate sagen alle das Gleiche: Er ist ein Lügner und ein Dieb. Sogar der Milchmann hat mit Rosie darüber gesprochen. Er hat ihr bestätigt, dass Hitler die ganze Milch des Viertels für sich beansprucht und für die anderen wenig übrigbleibt. Meine Mutter war wütend. Mein Vater war der Ansicht, der Milchmann müsse sich irren, denn es könne ja nicht sein, dass ein einzelner Bürger die Milch aller seiner Nachbarn für sich beanspruche. Jedenfalls, so mein Vater weiter, könne Hitler nicht ganz allein die Milch trinken, die mehrere Familien verbrauchten. Andernfalls wäre das eine gute Nachricht, denn das würde er nicht überleben.

Er steht vor uns, unten vor seinem Haus. Wir sind stehen geblieben. Rosie rührt sich nicht mehr. Ich sehe, dass er sich ein bisschen geschnitten hat beim Rasieren, was meinem Vater auch manchmal passiert. Er hat blaue Augen. Das wusste ich nicht. Man sieht es nicht auf den Fotografien. Ich dachte, sie seien ganz schwarz. Noch nie habe ich ihn so aus der Nähe gesehen. Er hat Haare in der Nase und auch ein paar in den Ohren. Von Nahem sieht er kleiner aus. Kleiner als mein Vater. Kleiner als Rosie. Die Passanten bleiben stehen so wie wir. Er sieht mich an. Ich sollte den Blick senken. Aber ich kann nicht. Ich starre ihn an. Sollte ich ihn anlächeln? Ich bin immerhin sein Nachbar! Erkennt er mich wieder? Weiß er, dass ich ihn von meinem Zimmer aus beobachte? Kann er zu uns hereinschauen? Sieht er zu, wie wir abends am Wohnzimmertisch essen? Weiß er, dass ich Jude bin? Ich möchte, dass er mich nicht verachtet. Auch meinen Vater nicht. Auch nicht meine Mutter. Sehen mich die Leute an? Er ist in ein dunkles Auto gestiegen, es ist schwarz wie die Nacht.

*

Ich kam mit Rosie vom Park zurück. Ich rannte auf dem Gehsteig und spielte Reifentreiben. Mit einem Stöckchen ließ ich den Holzreifen vor mir herlaufen. Onkel Lion war da, als wir nach Hause kamen. Ich hatte großen Hunger. Es war Vesperzeit. Rosie brachte mich in die Küche, damit ich mir die Hände wusch, und servierte mir eine Rosinensemmel und Kakao. Ich tunke die Semmel gern in die heiße Schokolade. Wenn sie zu sehr zerfällt und zerbröckelt, fische ich mir die Stücke mit dem Löffel heraus und lasse sie im Mund zergehen. Diesen Moment mag ich am liebsten. Ich schließe die Augen und atme den Duft nach Schokolade ein. Ich spüre einen Lufthauch an meinen Waden und höre die Vögel, die in ihrem Käfig auf dem hinteren Balkon piepsen. Rosie amüsiert sich und behandelt mich wie einen kleinen Feinschmecker. Rosie reicht mir noch eine Semmel, und ich fange von vorne an. Die Stimmen der Erwachsenen sind zu hören. Rosie hat mir das Gesicht sauber gewischt – sie hat gesagt, ich habe einen Schnurrbart –, und ich bin ins Wohnzimmer gegangen und habe mich auf den Boden gesetzt, wo die Sonne hinscheint, um zu hören, was sie sich zu sagen haben. Meine Mutter wirkte besorgt. Mein Vater war ernst. Nur Onkel Lion lächelte immer noch. Alle betrachteten sie eine Zeitung, die aufgeschlagen auf dem Tisch lag.

– Sieh dir an, was die machen, das ist abstoßend, sagt mein Vater.

Zu sehen war die Zeichnung eines großen Kerls mit einer Fliege, einer großen Nase und buschigen Augenbrauen.

– Du wirst dich doch nicht wegen so einer Kleinigkeit aufregen, sagt Onkel Lion. Warte erst mal auf die persönliche Kritik von Herrn Goebbels, dem Direktor der Zeitung und Stammgast bei deinem Nachbarn. Er sagt, das werde mich teuer zu stehen kommen, wenn sie erst an der Macht sind. Was meint er damit? Er sagt es nicht. Vermutlich, weil es nicht wirklich legal ist. Öffentliche Lynchjustiz? Mord? Folter? Man kann nicht wissen, mit welchen Methoden die Nazis die Leute quälen, die sie verabscheuen, das heißt neun Zehntel der Weltbevölkerung.

– Könnten sie eines Tages an die Macht kommen, fragt meine Mutter.

– Ich weiß es nicht, seufzt Onkel Lion. Goebbels ist es jedenfalls gelungen, sich in den Reichstag wählen zu lassen. Weißt du, was er gesagt hat? Dass er und die anderen elf nationalsozialistischen Abgeordneten wie Wölfe eine Schafherde anfallen. Den Faschisten in Italien ist es gelungen, die ganze Macht an sich zu reißen! In einem Monat sind Wahlen, im September. Man rechnet mit einem Anstieg gegenüber ihrem letzten Wahlergebnis. Vor drei Jahren haben sie nur 3 Prozent der Stimmen bekommen. Aber seitdem ist die Arbeitslosenzahl um ein Mehrfaches gestiegen. Der Schwarze Donnerstag an der Wall Street wird nicht damit enden, dass sich seine Asche über unser Land breitet. Die deutschen Unternehmen verkaufen nichts mehr, sie sind nicht mehr zahlungsfähig. Die Banken geben keinen Kredit mehr und ihre Kunden gehen einer nach dem anderen bankrott. Die Menschen sind verzweifelt. Und da Hitler und seine Bande noch nie an der Regierung waren, schmückt man sie mit allen Tugenden. So glauben viele – oder hoffen es –, dass die Welt mit ihnen wieder besser wird, zumal ihr Anführer das mit aller Vehemenz verspricht. Einen Schuldigen haben sie ja auch schon gefunden: den Juden. Natürlich. Wie im antiken Rom, im Mittelalter, in der Renaissance. Darauf kommt man jetzt zurück.

– Du übertreibst, sagt meine Mutter.

– Ich versichere dir, dass ich das nicht tue. Zum einen haben wir das, was sie vor aller Welt rausposaunen, und zum anderen das, was sie sich untereinander sagen. Ich lese alles, was sie veröffentlichen. Sie reden nur von den Juden, den Ausländern, den Bankiers, ohne die die Welt besser wäre natürlich.

*

Meine Eltern sind wählen gegangen – mitnehmen wollten sie mich nicht. Als sie zurückkamen, waren sie guter Stimmung.

Beim Frühstück am darauffolgenden Tag sprachen sie kein Wort. Sie lasen die Zeitung. Auch Rosie schwieg. Ich habe sie gefragt, ob Adolf Hitler gewonnen habe. Sie sagte nein, aber auch wenn er nicht gewonnen habe, so habe er doch auch nicht verloren. Denn er hat 18 Prozent der Stimmen bekommen. Das bedeutet, dass auf der Straße eine Person von fünf für ihn gestimmt hat, so als ob einer von uns zu Hause die Nazis gewählt hätte, und das wäre dann in jedem Haus so. Hatte sie für ihn gestimmt? Sie zuckte traurig mit den Schultern. Sie hatte die Kommunisten gewählt, und nur einer von zehn hatte es ihr gleichgetan.

– Die Kommunisten wollen alles teilen, sie sind für die Gleichheit, und schon früher haben sie sich dafür eingesetzt, dass die Arbeiter sich am Sonntag ausruhen dürfen. Alle haben das vergessen! Jetzt wählen sie lieber Hitler, der in seinem Leben noch nie gearbeitet hat. Rosie ärgert sich.

Ich habe mich entschlossen, Kommunist zu werden, wenn ich groß bin.

1931

In dieser Zeit sollte mir auch das Auge geöffnet werden für zwei Gefahren, die ich beide vordem kaum dem Namen nach kannte, auf keinen Fall aber in ihrer entsetzlichen Bedeutung für die Existenz des deutschen Volkes begriff: Marxismus und Judentum.

Adolf Hitler, *Mein Kampf,* über seine Jugendjahre in Wien

ICH WAR DAS ERSTE MAL beim Zahnarzt, bei Dr. Arndt. Ungeduldig habe ich auf diesen Tag gewartet, denn ich hatte schon mehrere Milchzähne verloren, und die neuen wuchsen bereits nach, die Erwachsenenzähne, die ich mein ganzes Leben lang haben würde. Ich wollte sie endlich vorzeigen.

– Wir werden überprüfen lassen, ob du auch keine Vampirzähne hast, neckte mich Rosie und ahmte den Vampir von Düsseldorf nach.

Wir gingen mit meiner Mutter zu Fuß hin und kamen direkt am Haus des »Königs von München« am Prinzregentenplatz vorbei und an der Oper. Meine Mutter und ich sangen dabei, ich lief voraus, wich den Pfützen aus und peilte die Rillen auf dem Gehsteig an. Mama drückte die Eingangstür unten im Haus des Arztes auf. Ich schmiegte mich an sie, und sie strich mir mit der Hand übers Haar, über meinen Nacken, so als hätte sie meine Gedanken erraten. Ich wollte wieder umkehren. Wir gingen in die erste Etage hinauf, sie klingelte, und die Tür wurde von einer kleinen Frau in weißer Bluse geöffnet. Mama nannte ihr meinen Namen, die Dame wirkte streng und wies uns kühl ins Wartezimmer. Wir waren nicht allein: Eine korpulente Frau, eingehüllt in einen weiten Pelzmantel, hielt sich den Spiegel ihrer Puderdose vors Gesicht und schminkte sich. Ich bemerkte, wie ihr Blick auf mich fiel und sie mich anstarrte, um sich dann wieder in die Dose aus Bakelit zu versenken. Zu ihrer Nachbarin, einer kleinen Frau in Schwarz, sagte sie lautstark, sodass alle es hören konnten:

– Für wen hält er sich eigentlich?

Sie sprach von Adolf Hitler, ich war ganz sicher. Papa hatte ich sagen hören, das einzige, was er mit Hitler gemeinsam habe, sei sein Zahnarzt, und dann hatte er noch hinzugefügt, er habe ihn ins Haus hineingehen sehen. Bestimmt lässt er sich im Nebenzimmer behandeln. Als sich die Tür zum Behandlungszimmer einen Spalt breit öffnete, wurden alle still, auch die Dame, die eben noch so laut gesprochen hatte. Ich fragte mich, ob Hitler sie gehört hatte oder ob die gepolsterten Wände ihre schrille Stimme verschluckten. Die Tür blieb lange halboffen stehen. Man hörte den Doktor, der ehrerbietig mit seinem Patienten sprach, von dem man nur ein kleines Stück seiner Jacke in dem Spalt erspähen konnte. Ich beobachtete die faltige Hand des Doktors, wie sie die Klinke ergriff und die Tür plötzlich ganz aufmachte, sodass wir alle sein Gesicht sehen konnten, sein weißes Hemd und die kleine Brille. Und dann kam Herr Hitler. Er war ein kleiner bärtiger Mann, der unserem Nachbarn überhaupt nicht ähnlich sah: Er trug einen großen, schwarzen Hut, und vor seinen Ohren baumelten zwei lange Schläfenlocken. Es war doch jemand anders …

Der unbekannte Patient grüßte und ging. Ich dachte, die Dame werde nun aufstehen und als nächstes an die Reihe kommen. Aber wir waren dran. Der Doktor gab Mama einen Handkuss, dann reichte er mir die Hand und ließ uns eintreten. Wir setzten uns jeder auf einen Stuhl vis-à-vis zu seinem Schreibtisch. Ich fühlte das abgeschabte Leder an meinen Oberschenkeln, während er meiner Mutter einige Fragen stellte. Die Antworten notierte er auf einem Zettel, dabei wiederholte er sie langsam mit seiner tiefen, rauen Stimme. Man hörte, wie die Feder beim Schreiben übers Papier glitt. Sein Schreibtisch ähnelte dem meines Vaters: mit der ledernen Schreibunterlage und dem Löschpapier voller Tintenflecken, dem kleinen Tintenfass, das schwarz war wie die Nacht, dem funkelnden Brieföffner, einer großen versilberten Schere, in der sich der Deckenleuchter spiegelte. Das Tick-Tack einer Pendeluhr auf dem Kaminsims, über dem ein hoher Spiegel prangte, erfüllte den Raum. Motorengeräusche und das Hupen der Automobile waren von der Straße zu hören. Ich konnte nicht anders, ich musste den großen, auf nur einem Bein stehenden eisernen Stuhl am anderen Ende des Raums betrachten, mit den Lampen und metallenen Instrumenten, Spiegeln, Kabeln und Stangen. Weiter hinten, in einer dunklen Ecke der Praxis, öffnete sich eine andere Polstertür, durch die eine Krankenschwester hereintrat. Sie trug eine weiße Bluse und einen kleinen Hut. Sie sah aus wie Marlene Dietrich. Als ich mich auf dem Sessel ausstreckte, auf den mich der Doktor geschickt hatte, lächelte sie mir zu, und dann rutschte ich nach hinten. Ihre Augen waren grün und die Wimpern lang und schwarz. Ich roch ihr Parfum, das den Raum erfüllte, während ihre Bluse mein Gesicht streifte. Der Scheinwerfer blitzte auf, und dann sah ich nur noch die Glasfläche rund um die Glühbirne – und das ganz rosafarbene Gesicht des Doktors. Er forderte mich auf, den Mund zu öffnen und steckte dann ein kaltes Instrument hinein. Ich spürte, wie es leicht an meine Zähne stieß, während seine Finger meine Lippen auseinanderzogen. Um an etwas anderes zu denken, betrachtete ich das Gesicht der Krankenschwester. Sie lächelte mir zu, mit ihren roten Lippen und dem schwarzen Punkt, den sie sich auf gemalt hatte, genau über den Mund. Ihre Zähne hatten die Farbe der Wolken. Ich fragte mich, ob Hitler sie hübsch fand.

Die Sitzung war schnell zu Ende. Der Doktor sagte, es sei alles in Ordnung, und einen Augenblick später waren wir schon wieder auf der Straße. Auf dem Rückweg schrien Zeitungsverkäufer, dass der Vampir von Düsseldorf gefasst worden sei. Ich werde also wieder ganz allein im Hof spielen können. Am Himmel zog ein Zeppelin vorbei. Dann verschwand er hinter dem roten Dach eines Hauses, das aussah wie alle Häuser in München. Ich dachte wieder an die Krankenschwester, an den Zahnarzt und an Adolf Hitler.

*

In der Küche liest Rosie in der Zeitung die Geschichte des Vampirs, die mit Fotos illustriert ist. Peter Kürten hat mindestens zehn Menschen getötet, fast alles Kinder. Seine Eltern waren arm, er hatte dreizehn Geschwister. Schon als Kind hatte er zwei Welpen ertränkt. Als Erwachsener hat er seine Opfer erdolcht oder erwürgt. Die Zeitungen schrieben, der Vampir sei ein Gewerkschaftler gewesen, und Rosie erklärte mir, das seien Arbeiter, die sich in einer Gruppe zusammenschließen, um für bessere Arbeitsbedingungen in der Fabrik zu kämpfen.

– Das Leben der Arbeiter ist schrecklich, fügte Rosie hinzu. Sie gehen mitten in der Nacht zur Arbeit und kommen nur zum Schlafen nach Hause, ohne etwas zu essen. Sie sterben, noch ehe sie überhaupt alt werden können. Wäre dein Vater ein Arbeiter, wäre er jetzt vielleicht schon tot, und du hättest nicht die Zeit gehabt, ihn kennenzulernen.

Ich frage mich oft, was es bedeutet, ein Waisenkind zu sein. Rosie hat mir erzählt, dass die Waisenhäuser seit dem Schwarzen Donnerstag voll seien: Die Armen setzten ihre Babys aus, da sie sie nicht mehr ernähren könnten. Am Vorabend des Krieges war Kürten zu ein paar Jahren Gefängnis verurteilt worden, so musste er nicht an die Front, und seit er draußen war, habe er wieder angefangen, Kinder zu erwürgen. Dieses Mal wird Kürten sicher zum Tode verurteilt.

In der Zeitung ist ein Foto von Generalfeldmarschall Hindenburg zu sehen. Sein Schnurrbart, der sich wie Schafswolle kräuselt, geht quer übers ganze Gesicht. Man kann seine zwanzig Medaillen zählen. Er ist ein Held, sogar auf einer Briefmarke ist sein Bild zu sehen. Er hat schon zwei Kriege gegen Frankreich gekämpft. Den ersten, den von 1870, hat er gewonnen. Und wenn man auf ihn gehört hätte, hätte er auch in dem von 1914 bis 1918 gesiegt. Onkel Berthold hat mir erzählt, der Generalfeldmarschall habe all seine Schlachten an der Seite eines anderen großen Strategen bestritten,

Erich Ludendorff, und zu zweit seien sie unbesiegbar gewesen. Man nennt sie auch die »Dioskuren«, wie die Zwillinge Kastor und Pollux, die Helden aus meinem Buch über die griechische Mythologie. Onkel Berthold hat mir farbige Zeichnungen in einer Illustrierten gezeigt. Darauf sind die beiden Männer zu sehen, wie sie mit Pickelhaube die Straße entlanggehen. Auf einer anderen Zeichnung studieren sie einen militärischen Lageplan an einem großen Tisch.

– Als sie noch da waren, war das deutsche Heer das stärkste der Welt, fügte Onkel Berthold noch hinzu.

Rosie war nicht einverstanden:

– Ohne sie wäre der Krieg früher zu Ende gewesen, und es hätte weniger Tote gegeben. Und im Übrigen ist Ludendorff nicht mehr wert als Hitler, beide sind in der Partei! Aber Hindenburg sagt wenigstens, was Hitler für einer ist: er ist nämlich nur ein kleiner Gefreiter und Bohemien.

Hindenburg ist dreiundachtzig Jahre alt und Reichspräsident der Republik. Aber erst seit kurzem: Nach dem Krieg ist er in Rente gegangen und lebte friedlich auf dem Land, als ihn seine alten Kameraden darum baten, wieder die Macht zu übernehmen. Er war damals siebenundsiebzig, seine Frau war gerade gestorben, er langweilte sich. Rosie hat mir erzählt, sie habe auf der Straße Lastwagen gesehen, die Büsten von ihm transportierten, begleitet von Männerhorden, die seine Rückkehr besangen. Außerdem riefen sie nach der Rache des deutschen Heeres an den Linksextremen von Weimar.

– Das Bündnis von Weimar haben wir denen zu verdanken, die den Frieden mit Frankreich unterzeichnet haben, ohne den Dioskuren Zeit zu lassen, den Krieg zu gewinnen, erklärte mir Onkel Berthold.

Ihretwegen ist Deutschland in der Armut versunken, und Kriegsveteranen wie er haben nicht wieder Arbeit finden können.

Ich war stolz, als ich Rosie das mitteilte. Aber sie war der Ansicht, ich würde Blödsinn erzählen:

– Der Krieg hat den Menschen noch nie gutgetan, Bürschi. Weimar ist kein Bündnis, es ist eine Republik, eine Demokratie, die dem Volk das Recht gibt zu wählen. Sogar wir Frauen können seit 1918 zur Wahl gehen. Weimar hat dafür gesorgt, dass Deutschland den anderen Ländern der Welt voraus ist.

Es kam mir vor, als müsse Rosie die Tränen zurückhalten. Sie erzählte mir von ihrem Verlobten, der niemals aus den Schützengräben von Verdun zurückgekehrt sei, aufgeschlitzt vom Bajonett eines Franzosen. Ich wünschte, er wäre gerächt worden.

– Nein, Bürschi, antwortete Rosie, den Tod eines Menschen darf man sich nie wünschen. Der Franzose ist zusammen mit ihm auf dem Schlachtfeld gestorben. Eines Tages werde ich hingehen und eine Blume für beide niederlegen.

*

Der Vampir von Düsseldorf ist verurteilt worden. Er wird geköpft. Ich bin zufrieden, auch wenn man sich den Tod eines anderen niemals wünschen darf. Ich denke oft an seine Opfer und an die Eltern der erwürgten Kinder. Sie weinen bestimmt Tag und Nacht. Trotzdem will ich nicht sehen, wie sein Hals von der Axt durchtrennt wird. In den Straßen, an den Zeitungskiosken, sieht man Plakate mit dem Foto eines Mannes, der in der Dunkelheit kauert, es geht um einen Film, der bald in die Kinos kommt, *M – Eine Stadt sucht einen Mörder*, es ist die Geschichte des Vampirs von Düsseldorf. Ich darf nicht hingehen, das weiß ich, denn alle werden sagen, ich sei noch zu klein. Ich möchte so gern schon groß sein!

*

Mein Vater war heute zu Hause. Er hat mir einen Auftrag erteilt: Ich soll Thomas Mann ein Buch bringen. Ich konnte es nicht erwarten loszugehen, denn meine Eltern haben oft von der riesigen Villa gesprochen, die voller seltsamer Gegenstände sei. Thomas Mann denkt sich Geschichten für die Erwachsenen aus, er schreibt Bücher mit der Feder aufs Papier, dann übergibt er die Blätter einem Verleger, einem Mann, der den gleichen Beruf hat wie mein Vater, und der sie mit Hilfe von großen Maschinen drucken lässt.

Rosie ging voran auf dem Weg, der an den Feldern hinter unserem Haus vorbeiführt. Heute Morgen habe ich mich wie ein Matrose angezogen, ich trug einen marineblauen Anzug mit Kragen, eine Matrosenjacke und einen flachen Hut. Ich durfte meinen Schmetterlingskescher mitnehmen. Die Sonne knallte. Glücklicherweise hatte Rosie eine Trinkflasche voll Wasser dabei, dem sie ein paar Tropfen Granatapfelsirup beigemischt hat. Ich habe keine Schmetterlinge gesehen, obwohl der Himmel blau war und man weit schauen konnte. Die Bienen und Fliegen tanzten in der Sonne, die Vögel flogen in Schwärmen. Ich langweilte mich. Ich hätte meinen Reifen mitnehmen sollen. Endlich erreichten wir die Villa, die hinter einer efeuumrankten Mauer verborgen war. Rosie klingelte, und ein Mann öffnete uns die Tür. Ich wusste sofort, dass es nicht Thomas Mann war, denn er war angezogen wie ein Hausangestellter. Er führte uns in den Garten, Rosie nannte ihm den Grund unseres Besuchs. Hinter einem Fenster der Villa betrachtete mich ein Mann mit glatt nach hinten gekämmten Haaren. Er strich seinen Schnurrbart glatt, in der anderen Hand hielt er eine Zigarette. Draußen war es heiß, ich spürte, wie mir ein paar Schweißtropfen den Rücken hinunterliefen. Wie angenehm kühl musste es drinnen sein! Ich war stolz, es zu Fuß bis hierher geschafft zu haben, das in Papier eingeschlagene und mit einer kleinen Schnur zusammengebundene Buch hielt ich noch immer in der Hand. Ich habe meinem Vater versprochen, ihn von ihm zu grüßen. Ich wusste, dass er sich freuen würde.

Aber der Bedienstete nahm das Buch entgegen, bedankte sich bei uns und begleitete uns zur Tür zurück, ohne uns hereingebeten zu haben. Die Villa kam mir wie verzaubert vor mit der großen Treppe aus weißem Stein und den hohen, schlossähnlichen Fenstern. Hinter dem Haus spielten Kinder auf einer Schaukel. Ihr Lachen drang bis zu uns, als ob der Wind es mit sich trüge. Ein Bach rauschte, die Bienen summten. Warum war ich nicht hereingebeten worden? Ich wollte weinen. Rosie wagte es nicht, noch einmal zu klingeln, und wir gingen wieder nach Hause. Auf dem Rückweg erzählte sie mir, Thomas Mann sei einer der berühmtesten Schriftsteller Deutschlands, wie Onkel Lion, sein Freund. In seinen Büchern beschreibt er die Schönheit des Lebens und erzählt von der Welt der Kinder von früher, von Deutschland aus der Zeit vor dem Weltkrieg. Damals trugen die Frauen Rüschenkleider, breite, mit Blumen verzierte Hüte und Schirme, um sich gegen die Sonne zu schützen. Thomas Mann hat den Nobelpreis für Literatur erhalten: Er ist der bedeutendste Schriftsteller der Welt.

*

Rosie liest mir aus der Zeitung vor. Gestern, am 2. Juli 1931, um 6 Uhr morgens, wurde der Vampir von Düsseldorf im Gefängnis von Köln geköpft. Seine Henker haben ein Fallbeil benutzt, einen mit einer Laufschiene ausgestatteten Apparat, in dem eine spitz zulaufende, rasiermesserscharfe Klinge angebracht ist. Seine letzten Worte waren angeblich, er hoffe nur, die Zeit zu haben, das Blut aus seinem Körper spritzen zu hören. Ich frage mich die ganze Zeit, ob sein Kopf noch etwas empfinden konnte, nachdem er in den Korb gerollt war. Rosie erzählt mir von dem Film *M – Eine Stadt sucht einen Mörder*, den sie sich angesehen hat. Er erinnerte sie an die *Dreigroschenoper*, mit all den Gaunern, die unter sich bleiben und die Gesetze missachten und die ihre Ganovenwelt der bürgerlichen

Welt vorziehen. Ich habe keine Lust zuzuhören. Ich sehe aus dem Fenster. Der Vorhang von gegenüber hat sich bewegt. Morgen fahren wir in die Ferien, zu unseren Freunden, den Siegels, an den See. Ich werde ihre Tochter Beate wiedersehen, meine Freundin.

*

Papa und ich sitzen in einem Boot, das über das Wasser gleitet. Ich sitze vorn und darf mich nicht rühren, nur ein wenig vorbeugen, über die kleinen, gerillten silbrigen Wellen. Ich sehe, wie die Sonnenstrahlen wie Fäden bis in die Tiefe dringen, wo alles schwarz ist. Der Wind pfeift um die Seile, die den Mast halten, Fische folgen uns und schwimmen unter der Wasseroberfläche am Bug entlang. Sie bilden einen Schwarm und gleiten wie Wassertropfen an der Oberfläche entlang. Papa ist weiß gekleidet, die Sohlen seiner Schuhe aus rotem Gummi passen zum bordeauxfarbenen V-Ausschnitt seines Pullovers. Er beugt sich nach hinten, die linke Hand umfasst das Ruder, die andere ein Schiffstau. Er holt das Segel ein, das Boot bekommt Schlagseite, er lächelt mir zu. Der Wind streicht seine Haare nach hinten. Die Häuser wirken klein, Bauern bestellen die Felder mit einer Maschine, die von zwei Ochsen gezogen wird. Wenn ich groß bin, werde ich Skipper, ich werde an Bord eines Schoners über die Meere reisen. Das Segel bläht sich noch weiter auf, und das Boot kippt fast um, durch einen Windstoß berührt der Segelbaum beinahe die grauen Wellen. Ich klammere mich fest, ich denke an Rosie, sie fehlt mir.

– Fang das Tau auf, Bürschi!

Mama erwartet uns am Steg. Sie hat mir das Schiffstau zugeworfen, es schlägt ein wenig an mein Bein, ich gebe es Papa weiter, er bindet einen Achterknoten, dann macht er das Boot fest und wir steigen aus. Jetzt werden wir zu Mittag essen. Mama sagt, es gibt mit Mayonnaise gefüllte Eier und Forelle und zum Nachtisch

Sorbet. Wir segeln jeden Tag, entweder mit meinem oder mit Beate Siegels Vater. Und dann fangen wir Grashüpfer und bilden aus ihnen Kolonien, wir fangen Schmetterlinge und dann lassen wir sie wieder frei.

Ich habe weder Lust nach Hause zurückzufahren noch wieder in die Schule zu gehen. Ich sage oft zu Mama, dass ich für immer bei ihr, bei Papa und Beate bleiben möchte. Sie lächelt, und dann erinnert sie mich daran, dass ich doch gern in die Schule gehe, und erzählt von meinem ersten Schultag. Ich hatte überhaupt keine Angst, ich habe nicht geweint, im Unterschied zu den anderen Kindern, die nicht von ihrer Mama wegwollten. Ich fürchtete mich nicht, ich war neugierig auf alles das, was ich dort entdecken konnte. Ich erinnere mich an unseren Lehrer, Herrn Pichelmann, an sein weißes Hemd, wie das des Zahnarztes, und an seine Geige, auf der er uns in der Klasse vorspielte. Ihm habe ich es zu verdanken, dass ich lesen und schreiben kann. Mein bester Schulfreund heißt Ralph. Er spricht wie ein Erwachsener. Am Sonntag, wenn er zu uns zu Besuch kommt, spielen wir mit meinen Autos oder die Geschichte von *Emil und die Detektive*. Dem Held dieses Buchs wird bei einer Zugreise das Geld gestohlen, während er schläft. Als er in Berlin ankommt, trifft er eine Bande von Jungen in seinem Alter. Sie machen die Diebe ausfindig und holen sich die Beute zurück. Sie sind schlauer als die Erwachsenen und geschickter als die Gauner.

Ralph hat Glück. Jeden Tag holt ihn ein Chauffeur von der Schule ab, dann steigt er in das lange schwarze Auto ein, das so groß ist wie das meiner Verwandten, der Bernheimers. Wenn er allein auf der Rückbank sitzt, sieht er aus dem Fenster und grüßt mich zum Abschied.

Ich würde gern hier leben, an den Seen, aber ich kann es auch nicht erwarten, ihn wiederzusehen. Mama hat mit dem Kofferpacken begonnen. Bald fahren wir nach Hause.

Die Ferien waren so lang, dass ich mich auf der Rückfahrt nicht an Rosies Gesicht erinnern konnte. Sie wartete draußen vor der Tür auf uns. Ich habe sie nicht wiedererkannt, denn ich hielt sie für jemand anderen. Dennoch trug sie ihre übliche Kleidung, ein langes schwarzes Kleid mit einer weißen Schürze. Aber sie hatte eine andere Frisur. Ihre Haare waren kürzer. Sie umarmte mich fest, Papa und Mama gaben ihr die Hand, dann gingen wir hinein. Sie haben sie gefragt, ob es etwas Neues gebe.

– Es wird immer schlimmer. Jeden Tag gibt es Aufmärsche vor dem Haus! An einem Tag für Hitler, am nächsten Tag gegen ihn. Eines Morgens marschierten seine Bewunderer mit erhobenem Arm vor dem Fenster vorbei, am selben Abend noch kamen seine Gegner mit geballter Faust, um ihn zu verhöhnen. Diese Demonstrationen werden immer brutaler. Jedes Mal gibt es Tote. Und in der übrigen Zeit klingeln die Bettler an unserer Tür, immer und immer wieder. Bei all diesen Wahlen ist die Stadt wie elektrisiert.

1932

Erst in meinem vierzehnten bis fünfzehnten Jahre stieß ich öfters auf das Wort Jude, zum Teil im Zusammenhange mit politischen Gesprächen.
Ich empfand dagegen eine leichte Abneigung und konnte mich eines unangenehmen Gefühls nicht erwehren, das mich immer beschlich, wenn konfessionelle Stänkereien vor mir ausgetragen wurden. Als etwas anderes sah ich aber damals die Frage nicht an.

Adolf Hitler, *Mein Kampf*

ROSIES ZIMMER LIEGT NEBEN MEINEM. Manchmal sind wir abends bei ihr. Wir setzen uns auf ihr Bett. Wir haben ein Geheimnis, sie und ich. Sie liest die Bücher aus der Bibliothek meines Vaters und erzählt mir dann davon. Sie erklärt mir alles, und ich finde gut, was sie mir sagt. Es sind Geschichten, über die sich meine Eltern miteinander unterhalten und von denen sie meinen, dass ich sie nicht verstehe.

Rosie redet mit mir über Politik. Sie und ich, wir sind Spartakisten. Die Spartakisten sind die Kommunisten von früher, sie wollten eine Welt ohne Unterschiede zwischen Armen und Reichen. Ihr Name kommt von Spartakus, dem Gladiatoren, der die Sklaven zur Zeit der Römer freigelassen hat. Rosie vertraut mir Geheimnisse an, die sie mit niemand anderem teilt. Zum Beispiel, dass ihr richtiger Name nicht Rosie sei: Sie nennt sich so zu Ehren von Rosa Luxemburg, der Anführerin der deutschen Spartakisten.

Rosie zeigt mir ihr Foto in einer Zeitung, die sie unter dem Bett versteckt hat. Rosa Luxemburg war gegen den Krieg und gegen die Monarchie, sie wollte nicht, dass sich Deutsche und Franzosen bekämpfen, sie war der Meinung, alle Menschen seien Brüder, gern hätte sie die Grenzen abgeschafft, die Könige, die Unterschiede. Unser Kaiser, Wilhelm II., hat sie wegen ihrer Ideen eingesperrt. Er hat Frankreich den Krieg erklärt, mein Onkel Berthold kämpfte mit, und Rosies Verlobter ist gestorben. Als Rosa Luxemburg aus dem Gefängnis entlassen wurde, hat sie eine Revolution angeführt und den Kaiser gezwungen, vom Thron zu steigen, und dann war auch der Krieg zu Ende.

Für Rosie war das der schönste Tag ihres Lebens. Später jedoch haben Freunde des Kaisers, irgendwelche Militärs, Rosa Luxemburg ermordet, weil sie hofften, weiterkämpfen zu können. Seither sagt Rosie niemandem mehr, dass sie Spartakistin ist. Nur mir. Ich wäre gern Spartakus, der Gladiator, und würde gern eine ganze Armee von Sklaven anführen, um mir all die Leute vorzuknöpfen, die den Krieg wollen.

*

Letzte Woche sind die Demonstranten an unserem Haus vorbeigekommen. Oben, von meinem Zimmer aus, haben Rosie und ich sie beobachtet. Horden von Nationalsozialisten zogen zwischen unserem und Hitlers Haus vorbei. Sie trugen rot-schwarze Armbinden und reckten den Arm empor in Richtung seines Balkons. So ging das den ganzen Tag. Hitlers SA marschierte in Reih und Glied wie eine richtige Armee, mit ihren roten Armbinden mit dem weißen Kreis und einem Hakenkreuz in der Mitte. Sie reckten den rechten Arm zum Fenster ihres Führers empor und riefen seinen Namen, sie schrien: »*Heil Hitler! Heil Hitler!*«.

Unter diesem unaufhörlichen Gebrüll vibrierten trommelnd unsere Fenster. Tante Bobbie und der Herzog kamen zu uns herunter, und wir sind alle hinter dem klappernden Glas zusammengerückt.

– Das sind Wilde, sagte Tante Bobbie.

– Idioten, fügte der Herzog hinzu.

– Sie sind noch so jung. Seht mal, sie sind keine fünfzehn, flüsterte Tante Bobbie. Als ob es genügte, in den Straßen herumzugrölen, um die Probleme zu lösen! Verdun hat ihnen nicht gereicht. Sie wollen auch kämpfen, um wie ihre Väter zu enden oder ihre Onkel. Sie wollen sich rühmen, dass sie töten und bereit sind, sich töten zu lassen! Und dieser Judenhass, das ist abstoßend!

– Vulgär, fügte der Herzog hinzu und rückte sein Monokel zurecht. Ihre Schwester müsste noch einmal über ihren Freund nachdenken, meine Liebe.

– Aber wenn sie ihn doch gernhat! Und Sie wissen genau, dass sie nichts von Politik versteht. Er übrigens auch nicht. Ich glaube, er geht nur aus geschäftlichen Gründen zu den Nazis.

– Geschäftliche Gründe?

– Ja, denn wenn Hitler an die Macht kommt, werden die Fabriken weiterlaufen müssen. Es heißt, er will beträchtliche militärische Aufträge vergeben.

– Gott bewahre.

*

Rosie ist besserer Stimmung. Seit heute Morgen beobachten wir eine weitere Massendemonstration in unserer Straße. Sie strömt dahin wie ein Fluss, wie kleine Wellen am Schiffsbug. Dieses Mal sind es Rosies Freunde. Sie ist stolz und ganz sicher, dass diese Männer und Frauen einen neuen Krieg in Europa verhindern werden. Es scheinen mir weniger zu sein, und auch nachlässiger sind sie, sie können nicht im Gleichschritt marschieren. Ihre Uniformen gleichen sich nicht ganz, sie tragen unterschiedliche Grüntöne. An der Straßenecke machen sie kehrt, dann bleiben sie vor Hitlers Haus stehen und recken ihre Fäuste in die Höhe.

Heute Abend hat mir Rosie aus den Zeitungen vorgelesen. Sie hat ganz rote Augen, vom Weinen. Papa geht zwischen Wohnzimmerfenster und Eingangstür hin und her. Vor den Zeitungen, die auf dem Schreibtisch ausgebreitet sind, bleibt er stehen und sagt zu meiner Mutter:

– Der alte Hindenburg hat Hitler zwar geschlagen, aber mit nur 53 Prozent der Stimmen! Ist dir das klar? Und jetzt haben die Nazis zweihundertdreißig Sitze im Reichstag. Sie sind zur stärksten politischen Kraft des Landes geworden. Es gibt sechs Millionen Arbeitslose auf den Straßen: Das ist jeder Dritte! Hindenburg wird ihn zum

Reichskanzler machen müssen. Wie soll sonst eine Regierung zustande kommen? Und wenn man bedenkt, dass er erst seit diesem Jahr die deutsche Staatsbürgerschaft hat! Und alle Welt läuft ihm hinterher: Fritz Thyssen hat ihm die größten Düsseldorfer Industriellen vorgestellt. Er erzählt ihnen, dass die Demokratie der Grund für die Krise sei, und sie glauben ihm auch noch! Und währenddessen zieht seine verfluchte SA los und bringt die Leute um. Am 17. Juli haben sie noch weitere achtzehn arme Kerle auf den Straßen von Hamburg ermordet. Hitler besitzt die Dreistigkeit, um die Begnadigung dieser Meuchelmörder zu bitten, denen nun vielleicht die Todesstrafe droht. Offensichtlich wird ihn Hjalmar Schacht, der ehemalige Reichsbankpräsident, in seinen Plänen unterstützen. Alle werden glauben, die Nazis hätten echte Lösungen für die wirtschaftlichen Probleme parat. Als ob wir eine bessere Welt erschaffen könnten, wenn wir uns von allen anderen abschotten, die Grenzen dichtmachen und uns zum Krieg rüsten.

– Schacht? Den kennen wir doch! Sagt Mama.

Sie sucht ein Gruppenbild im Fotoalbum. Meine Eltern stehen vor einem Gebäude. Die Aufnahme wurde in der Schweiz gemacht, in Zürich, bei einem Kongress, zu dem Schacht und auch mein Vater eingeladen waren. Papa ist oben rechts zu sehen, Hjalmar Schacht in der Mitte und meine Mutter unten links, bei den anderen Ehefrauen.

*

Jedes Mal, wenn wir an der großen Oper vorbeikamen, versprach mir meine Mutter, mich einmal mitzunehmen. Heute sind wir hier, um *Guillaume Tell* zu sehen. Es ist eine Matinee. So werden die Kindervorstellungen am Sonntag genannt. Eigentlich ist es beinahe schon Nachmittag, und Kinder sind fast keine da. Noch nie habe ich einen so schönen Ort gesehen. Wände, Stühle und Boden sind mit rotem Samt ausgelegt, der mit Gold besetzt ist. Wir sind wie ein verliebtes Paar. Ich trage einen Anzug wie ein Großer und ein weißes Hemd, eine Krawatte und Schuhe aus schwarzem Leder. Leider kratzen meine Flanellunterhosen an den Waden. Mama trägt ein schönes grünes Kleid, das ich für sie ausgesucht habe. Die Kriegswitwen sind in Schwarz gekleidet, viele Invaliden und Kriegsversehrte sind da. Einer von ihnen hat keine Beine. Ich habe ihn in der Pause bemerkt, als sich der ganze Saal erhob, nur er nicht. Oben herum war er ganz normal, mit einem Kopf wie ein Schauspieler, einem schmalen Schnurrbart und nach hinten gekämmtem Haar, aber unterhalb des Bauchs war nichts. An der Bar hatte ein Herr anstelle der Hand einen Haken, und als wir uns wieder hinsetzten, hielt mir ein Mann mit einer ledernen Kunstnase die Logentür auf. Dann ging die Aufführung weiter. Einige Passagen, die Mama manchmal singt, wenn sie Klavier spielt, erkannte ich wieder, und dann ließ ich mich von der Musik einwiegen und schlief ein. Auf dem Nachhauseweg vertraute ich Mama an, wie schön ich mein Leben finde, und zählte ihr all die Namen der Menschen auf, die ich gernhatte, ohne Arabella zu vergessen, die wir so lange schon nicht mehr gesehen haben. Sie versprach mir, sie bald einzuladen.

*

Zu Hause sprechen meine Eltern nur noch über Hitler. Am Abend wiederholen sie, was ihnen Freunde tagsüber berichtet haben. Mein Vater hat einen Freund, der Hitler kennt: Carl Schmitt, ein seriöser Schriftsteller, manchmal kommt er zu uns nach Hause. Zwischen zwei Besuchen schreiben sie sich, Papa und Carl Schmitt; morgens beim Frühstück liest uns Papa aus ihrer Korrespondenz vor. Sie schreiben über Politik, über Deutschland. Ich finde die Briefe langweilig.

Heute Abend reden mein Vater und der Herzog über die aktuellen Ereignisse. Schweigend höre ich ihnen zu.

– Dieser Schleicher ist kein gar so schlechter Kanzler, sagt mein Vater. Hindenburg hat gut daran getan, ihn für diesen Posten vorzuschlagen. Die Nazis verlieren an Boden. Jetzt, wo sie im Reichstag sind, begreifen die Menschen, dass sie nicht zaubern können. Bei den Wahlen vom 6. November haben sie zwei Millionen Stimmen verloren. Schleicher setzt Hitler seinen Rivalen Otto Strasser vor. Sie werden sich gegenseitig zerfleischen. Unser Nachbar scheint kurz vor dem Selbstmord zu stehen.

– Sie warten ab und machen in der Zwischenzeit weiter mit ihrer schmutzigen Arbeit. Mehr als hunderttausend Kinder, alle in Uniform, haben sich am 1. Oktober zum Reichsjugendtag in Potsdam eingefunden und sangen und jubelten Hitler zu. Ernst Röhms SA durchkämmt nachts die Städte. Man spricht von über einhundert politischen Todesopfern auf den Straßen. Der alte Hindenburg empfängt Hitler bei sich zu Hause. Hermann Göring, ein ehemaliger Jagdflieger, verkehrt auch bei ihm. Wenn ich daran denke, dass er diesen Rohling zum Reichstagspräsidenten gemacht hat. Und was Joseph Goebbels angeht, diesen hinterhältigen Gnom und angeblichen Intellektuellen, der ihre abscheuliche Zeitung *Der Angriff* leitet, wisst ihr, was er gesagt hat? »Wir gehen in den Reichstag, wie der Wolf in die Schafherde einbricht.« Das ist jedenfalls nicht sehr beruhigend!

– Wir leben im Jahr 1932, lasst uns abwarten! Die Menschen sind im Bilde. Niemand will eine Diktatur. Nein, ich mache mir keine Sorgen.

Meiner Mutter musste ich versprechen, niemandem mehr zu sagen, dass wir Juden sind. Am Abend sagte mir Rosie noch einmal in ihrem Zimmer, dass die Juden keine Rasse seien, sondern einer Religion angehörten, und dass man außerdem nicht verpflichtet sei, die Religion seiner Eltern zu übernehmen oder überhaupt zu glauben. Jeder Mensch könne sich frei entscheiden, ob er an Gott glauben möchte oder nicht, also auch, ob er Jude sein will oder nicht. Sie erklärte mir, dass die Juden jahrhundertelang schikaniert wurden, dass sie kein Recht hatten, Land zu besitzen, aber dass sie ganz normale Menschen sind, vielleicht sogar besonders anerkennenswert im Vergleich zu anderen, da sie ständig gepeinigt worden sind. Sie redet sich in Rage und sagt mir, es gebe keinen Grund sich dafür zu schämen, Jude zu sein, und dann zählt sie die Namen von Juden auf, die Großes vollbracht haben. Sie spricht von Karl Marx, den sie sehr bewundert, und erzählt mir sein ganzes Leben, auch das von Rosa Luxemburg, die ebenfalls Jüdin war.

– Hitler redet dummes Zeug. Er behauptet, alle Juden seien Kommunisten, und dann sagt er wieder, sie kontrollierten die Banken – dabei werden in Deutschland die meisten Banken von Protestanten geleitet! Er sagt, die Juden wollten nichts abgeben, aber der, der am meisten für die Verteilung der Vermögen gekämpft hat, Karl Marx, war Jude. Und auch Leo Trotzki stammt aus einer jüdischen Familie. Natürlich wirft ihnen Hitler noch andere Dinge vor! So behauptet er allen Ernstes, die kommunistische Revolution sei ein jüdisches Komplott! Aber Stalin, der oberste Machthaber der Sowjetunion, ist kein Jude, so wenig wie die anderen Kommunistenführer der Welt: Ernst Thälmann in Deutschland, Maurice Thorez in Frankreich. Und muss man nun Albert Einstein, den bedeutendsten Wissenschaftler aller Zeiten, der in Deutschland geboren wurde, hassen, weil seine Eltern den jüdischen Glauben praktiziert haben? Und Sigmund Freund vielleicht auch? Weißt du, ich habe dir schon von ihm erzählt, er heilt die Menschen mit Worten, er kann die Träume deuten, und er hat entdeckt, dass wir alles im Gedächtnis bewahren, auch wenn wir glauben, wir könnten uns nicht erinnern. Hitler würde die Bücher all dieser großen Männer gern verbieten, ihre Entdeckungen zunichte machen, er ist ein abergläubischer Analphabet, besessen von dunklen Mächten, die es nicht gibt. Er kommt mir vor wie einer dieser Barbaren, die sich einbildeten, die

Wälder wären von Menschenfressern bevölkert, die ihren Spaß daran haben, die Dörfer anzugreifen und auszuplündern. Er ist dümmer als die Griechen vor dreitausend Jahren. Mein kleiner Bürschi, denk immer daran, dass du dich niemals für dich selbst schämen darfst.

Sie hat ein Exemplar von *Mein Kampf* gekauft und zeigt es mir. Hitler hat dieses Buch geschrieben, es ist sein Lebenswerk. Sie hat ein paar Sätze darin unterstrichen.

– Ich habe noch nie etwas so Abstoßendes gelesen wie dieses Werk, mein kleiner Bürschi. Aber mach dir nichts draus. Wir, die Spartakisten, werden ihn noch dazu zwingen, Staub zu fressen.

Ich presse mich an sie, und sie küsst mich auf die Stirn.

*

Heute ist der erste Tag in der Gebeleschule, meiner neuen Schule. Ich habe Angst, dass ich niemanden kenne und keine Freunde mehr habe. Zum Glück versicherte mir Mama, dass auch Ralph da sein werde. Die Vögel haben mich heute schon früh geweckt. Rosie hat bereits gestern Abend meine Sachen herausgelegt und auf der Kommode zusammengefaltet. Vor dem Korbstuhl steht meine neue Schulmappe, sie sieht genauso aus wie die meines Vaters, nur kleiner. Sie glänzt, das Licht des anbrechenden Tages spiegelt sich darin. Ich sehe aus dem Fenster. Auf der Straße steht ein Wachmann vor Hitlers Mercedes und raucht eine Zigarette. Mir ist noch nie aufgefallen, dass er einen Scheinwerfer mitten auf dem Kühlergrill hat, wie bei dem einäugigen Zyklopen in den Abenteuern des Odysseus.

Rosie ist sich sicher, dass Hitler sein Buch zusammen mit seinem Chauffeur geschrieben hat, was ihrer Meinung nach beweist, dass es ein schlechtes Buch ist. Ist es derselbe Mann, der unten vor dem Haus steht und raucht?

Ich höre Geräusche in der Küche, wo meine heiße Schokolade zubereitet wird. Der Duft von Toastbrot erfüllt mein Zimmer. Ich folge ihm bis zu Rosie.

Mama begleitet mich zu Fuß zur Gebeleschule. Vor dem Eingangstor warten die Kinder mit ihren Müttern und Kindermädchen. Ralph ist mit seiner Mutter da. Sie trägt ein grünes Kleid, hohe Absätze, einen blassvioletten Hut mit einer Feder, die zu ihren dunkelrot geschminkten Lippen passt. Sie zieht sich einen Handschuh aus und gibt Mama die Hand. Wir müssen zu unserer Gruppe, die vor der Tür hinten im Hof eine Reihe gebildet hat. Wir haben Glück, dass wir in einer Klasse sind. Fest umklammere ich den Griff meiner Ledermappe.

Unsere Lehrerin heißt Fräulein Weikl. Ganz begeistert und immer lächelnd wirbelt sie von Tisch zu Tisch, zeichnet an die Tafel, wischt wieder weg, malt von Neuem. Sie ist hübsch, ihre Haare sind genauso blond wie die von Ralph, fast weiß. Ihre Augen sind so blau, als würden sie von innen her erleuchtet. Sie ist viel jünger als meine Mutter, eher wie eine große Schwester. Ralph sitzt nicht neben mir, wir treffen uns nach dem Unterricht wieder und gehen gemeinsam nach draußen. Rosie ist mit einem Imbiss da, sie umarmt Ralph, dann sehen wir, wie er auf dem Rücksitz seines englischen Autos davonfährt, es ist ein Rolls-Royce.

*

Heute Nachmittag feiert Ralph Geburtstag. Wir haben die Einladungskarte mit der Post bekommen. Darauf stand, die Feier beginne um 15 Uhr und sei um 18 Uhr zu Ende. Genau um drei stand ich mit Rosie vor dem Eingang der Villa, einem großen grünen Portal, das zur Straße hinzeigt. Wir gingen hinein. Unter den Füßen knirschte der Kies. Die Villa lag verborgen hinter Hecken, die oberen Fenster verdeckten riesige Kastanienbäume. Auf dem Rasen stand ein Tisch mit einer weißen Tischdecke, auf dem Kuchen, Kekse und Fruchtsaft auf uns warteten. Kinder, die ich nicht kannte, verfolgten sich gegenseitig im Garten. Noch immer hielt ich Rosies Hand. Eine Treppe führte ins Hausinnere. Wir traten ein. Der Marmorfußboden, schwarz-weiß abgesetzt, sah aus wie ein Schachbrett. Eine Frau saß mit dem Rücken zu uns an einem Flügel und spielte Mozart, das Menuett, das ich ohne Fehler vortragen kann. Im hinteren Teil des Raums lehnte eine alte Harfe an einem Gobelin, von dem mir Ralph erzählt hat: Narziss, der sich im Wasser betrachtet, kurz bevor er darin ertrinken wird, und Echo, die versucht, ihn vom Rand des Unterholzes aus zurückzuhalten. Der Raum erinnerte mich an den Salon von Friedrich dem Großen im *Flötenkonzert von Sanssouci*. Am Schluss des Films wird Friedrichs Freund auf Befehl seines Vaters hingerichtet. Meine Schwester Dorle fand ihn himmlisch, sie sagte, die Schauspielerin, Renate Müller, sei so schön wie Marlene Dietrich … Dann kam Ralph. Er wollte Rosie die Hand geben, aber sie nahm ihn in den Arm. Er zog mich weg, um mich seinen Eltern vorzustellen. Sie saßen im hinteren Bereich des Salons, zusammen mit den Großeltern, einem alten Mann, der wie Generalfeldmarschall von Hindenburg aussah, und einer Dame, klein und mager wie eine Mumie. Seine Mutter grüßte mich lächelnd, gab mir die Hand und siezte mich. Der Vater stand neben ihr. Im Krieg war er Flieger, und Ralph hatte mir versprochen, dass er mir von seinen Abenteuern erzählen würde.

– Ralph, stelle uns deinen kleinen Freund vor …

– Wie heißen Sie, mein Herr?

– Edgar …

– Zeig deinem Freund, wie man mich hier begrüßt.

Ralph gab ihm einen Kuss auf die Nasenspitze. Ich machte es ihm nach. Seine Nase war kalt.

– Papa, kannst du uns von deinen Fliegerabenteuern erzählen? Ich habe es Edgar versprochen.

Und sein Vater erzählte uns alle möglichen Geschichten, wie er sein erstes Flugzeug startklar gemacht und es auf einem Feld unterhalb ihres Landsitzes gestartet hat. Er beschrieb uns die Gefechte in der Luft. Er hatte nämlich herausgefunden, wie man die Feinde aus der Distanz aufspüren konnte, wenn sie weiter oben hinter den Wolken waren, im Gegenlicht der Sonne, und zwar mit einem Truthahn, den er immer dabei hatte und der anfing zu kollern, sobald sich ein feindliches Flugzeug näherte. Ralphs Vater war Kriegsgefangener gewesen. Aber man hat ihn gut behandelt, bei den französischen Offizieren, wo er sogar einen Freund aus Kindertagen wiederfand: Robert de B., der ihn abends zu den Offizieren einlud. Er kam wieder zu Kräften und lernte richtig gut Französisch. Er sprach über Frankreich, über die Küche dort und die köstlichen Desserts mit seltsamen Namen: Éclairs, Religieuses, Nègres en chemises … Ralphs Vater fährt geschäftlich oft nach Frankreich. Er erzählte uns von den Straßen in Paris, dem Eiffelturm, Notre-Dame, dem Louvre, und er versprach, uns einmal mitzunehmen. Wir werden im Schlafwagen hinfahren oder im Zeppelin reisen. Er fragte mich, was mein Vater mache. Als ich ihm sagte, er sei Verleger und mein Onkel Lion Schriftsteller, bemerkte ich, dass er sie kannte. Er hat aber nichts weiter gesagt, sondern fragte mich, ob ich gern lese. Ich antwortete, dass ich Bücher liebe, und er riet Ralph, sich ein Beispiel an mir zu nehmen, dann sprach er über französische Schriftsteller, Marcel Proust, der sein Jugendfreund gewesen sei. Es kam mir so vor, als hätte ich diesen Namen schon einmal zu Hause gehört, auch den von Walter Benjamin. Ich fragte ihn, ob die beiden Schriftsteller etwas miteinander zu tun hätten.

– Oh! Der Herr kennt sich aus. In der Tat, so ist es beinahe. Sie haben sich nicht kennengelernt, denn Proust starb kurz nach dem Krieg. Aber Walter Benjamin hat gerade sein Buch übersetzt, zusammen mit Franz Hessel, wenn ich mich nicht irre. Ralph, du solltest dich für Literatur interessieren.

Ich wurde rot. Ralph war auch etwas verlegen. Da habe ich zu Ralphs Vater gesagt, Ralph sei der Beste im Lesen.

*

Heute war keine Schule, und Rosie ist mit mir ins Kino gegangen, in einen großen Saal mit roten Samtsesseln. Wir wollten *Mädchen in Uniform* sehen, einen Tonfilm! Die Lichter gingen aus, die Musik fing an und die Leinwand belebte sich. Die Geschichte spielte in einem preußischen Mädcheninternat. Die Schülerinnen waren in Dorles Alter. Es war eine seltsame Geschichte. Mir wurde schwindelig. Das Geschehen spielte sich hauptsächlich auf der Innentreppe des Internats ab, die so hoch war wie das Haus selbst. Die jungen Mädchen redeten miteinander von einem Treppenabsatz zum anderen, schwebend über dem Abgrund. Die Heldin trank Alkohol, sie sagte ihrer Lehrerin, dass sie sie liebe, dann versuchte sie sich das Leben zu nehmen, indem sie sich weit über die Brüstung lehnte. Sie wurde ohnmächtig und ließ das Geländer los, aber sie wurde rechtzeitig aufgefangen. Die Schülerinnen waren wild, verbündeten sich und gehorchten den strengen Lehrern nicht mehr.

Als wir hinausgingen, sagte ich mir, dass ich Ralph vorschlagen würde, uns auch zu verbünden wie die Mädchen im Film. Doch nun waren wir mit meinem Vater im Fürstenhof in der Kaufingerstraße verabredet. Wir finden ihn in der ersten Etage inmitten von beißenden Rauchschwaden und einem Gewirr von Männerstimmen. Er kommt jeden Tag hierher, um einen Kaffee mit Schlagsahne zu trinken und die ausländischen Zeitungen zu lesen. Er übersetzt mir aus den vor ihm ausgebreiteten Blättern: dem italienischen *Corriere della Sera*, der Schweizer Zeitung *Le Temps*, der englischen *Times*. Auf den großen Seiten, die von hölzernen Stäben zusammengehalten werden, entdecke ich ein Foto von den Menschenmassen, die neulich vor unserem Haus vorbeigekommen sind, und von Hitler und Mussolini. Rosie hat mir schon von ihm erzählt, und sofort spreche ich seinen Namen laut aus. Ich erkenne auch Joseph Stalin und Hirohito, den Kaiser von Japan.

– Behalte diese Bilder immer im Gedächtnis, Bürschi, sagt Papa zu mir.

*

Nächstes Jahr werde ich ganz allein zur Schule gehen dürfen. Ich fühle mich groß, ich bin schon neun Jahre alt. Jeden Tag sehe ich Ralph, mit dem ich über alles rede. Heute Morgen habe ich ihm die Geschichte des Films erzählt. Wir haben einen Pakt geschlossen. Was auch passieren mag in unserem Leben, wir werden immer Freunde bleiben. Ich habe ihm von meinem Geheimnis mit Rosie erzählt. Er hat mir geschworen, dass er es niemals weitersagen wird. Er will auch Spartakist werden. Zusammen mit unseren Freunden haben wir den ganzen Tag Sklavenaufstand gespielt. Dann hat mich der Lehrer an die Tafel gerufen, damit ich ein Gedicht von Goethe aufsage, dessen hundertsten Todestag wir dieses Jahr feiern. Ich habe das Gedicht mit Rosie oft wiederholt: Es ist die Geschichte vom Zauberlehrling, dessen Meister außer Haus ist. Während seiner Abwesenheit macht der Lehrling, was er niemals tun darf: Er benutzt seine Kräfte und erweckt die Gegenstände in der Küche zum Leben, diese aber gehorchen ihm bald nicht mehr und schlagen alles um ihn herum entzwei. Um ihnen Einhalt zu gebieten, beschließt er, sie mit einem Beil zu zerhacken, was mich an das Fallbeil des Vampirs von Düsseldorf erinnert und an Friedrich II. und das *Flötenkonzert von Sanssouci*. Während ich das Gedicht aufsage, achte ich auf die Wörter, die ich ausspreche, ich sehe Bilder vor mir. Das Gedicht erinnert mich an das Buch von Thomas Mann, das auf Papas Schreibtisch liegt, *Mario und der Zauberer*. Rosie hat mir davon erzählt. Der Zauberer, ein Hypnotiseur, ist in Wirklichkeit Benito Mussolini, der Diktator. Er sei genauso ein »Meister der Hypnose« wie Hitler, hat Rosie mir gesagt.

Die Lehrerin lobt mich, und ich merke, dass ich mit den Gedanken woanders war. Ralph sieht mich an. Während wir in der Pause im Hof spielen, erzähle ich ihm die Geschichte von *Mario und dem Zauberer*, ich rede von Benito Mussolini und von Adolf Hitler. Diesen Sonntag sind wieder Wahlen. Zu Hause wird über nichts anderes gesprochen. Auch bei Ralph spricht man viel über Hitler. Er fragt mich, ob es mir etwas ausmacht, Jude zu sein.

– Überhaupt nicht. Nur, wenn man mich darauf anspricht. Es ist, als ob ich mich ein bisschen schämte. Ich weiß, dass ich mich nicht schämen soll, denn es ist ja eine Religion wie die anderen auch. Übrigens weiß ich noch gar nicht, ob ich Jude bin. Ich habe Jesus gern. Trotzdem bin ich noch nicht sicher, ob ich an Gott glauben soll, oder besser, an welchen von ihnen, denn du weißt ja, zur Zeit der alten Griechen gab es Dutzende von Götter. Alles in allem bin ich lieber Spartakist! Ohne Gott und Meister!

– Ich auch. Also Spartakisten! Für den Aufstand der Sklaven!

Dann vertraut mir Ralph sein Geheimnis an. Seine Eltern werden Hitler wählen.

1933

Trotzdem Wien in diesen Jahren schon nahe an die zweihunderttausend Juden unter seinen zwei Millionen Menschen zählte, sah ich diese nicht. Mein Auge und mein Sinn waren dem Einstürmen so vieler Werte und Gedanken in den ersten Wochen noch nicht gewachsen. Erst als allmählich die Ruhe wiederkehrte und sich das aufgeregte Bild zu klären begann, sah ich mich in meiner neuen Welt gründlicher um und stieß nun auch auf die Judenfrage.

Adolf Hitler, *Mein Kampf,* über seine Zeit als Student in Wien

WIR WAREN ZU HAUSE. Mama spielte ein Stück von Händel und summte leise mit. Es war die *Sarabande,* ein langsames Stück, das sich in die Länge zieht. Dann spielte sie eines der Stücke, die Elly Ney bei dem Konzert vorgetragen hatte, zu dem sie mich mitgenommen hat. Elly Ney ist eine der berühmtesten Pianistinnen der Welt. Im Saal muss ich einer der jüngsten Zuhörer gewesen sein, trotzdem kannte ich alle Stücke, die gespielt wurden: den *Türkischen Marsch* von Mozart, die *Mondscheinsonate* von Beethoven ... Mama überließ mir den Klavierhocker, und dann spielte ich. Ich entschied mich für eine Melodie von Händel, die *Passacaille,* ein Stück, das auf- und wieder absteigt und dann schneller wird. Mama sagte, ich werde eines Tages ein großer Pianist sein, wie Edwin Fischer, den wir am Abend zuvor im Konzert gehört hatten. Sie strich mir mit der Hand übers Haar und streichelte mich im Nacken. Die Tür ging auf, und Papa sagte ganz unvermittelt:

– Hitler ist Reichskanzler.

Ich unterbrach mein Spiel und setzte dann wieder ein, während ich das Gespräch verfolgte. Rosie trat hinzu, Tante Bobbie kam mit dem Herzog herunter. Erst sprach niemand ein Wort. Ich spielte wieder die *Passacaille.* Dann sagte mein Vater, er habe soeben mit Onkel Lion telefoniert, der gerade im Ausland sei: Ein Botschafter habe ihm empfohlen, vorerst nicht nach Deutschland zurückzukehren. Papa bat mich, auf mein Zimmer zu gehen, da es spät sei. Vor meinem Bett habe ich weiter an meinem Märklin-Flieger gebaut, einem Jagdflugzeug, das jetzt auf der Kommode in meinem Zimmer steht.

Seit zwei Tagen überstürzen sich die Ereignisse in Berlin, wo meine Schwester wohnt. Das habe ich in den *Münchener Neuesten Nachrichten* gelesen, mit deren Direktor Papa bekannt ist. Papa und Mama sprechen die ganze Zeit darüber und hindern mich nicht am Zuhören:

– Hindenburg hat zugelassen, dass Göring Innenminister wird, du weißt, dieser jähzornige Fliegerkommandeur. Eine Stunde später hat er alle Demonstrationen verboten und die Überwachung aller Publikationen im Land angeordnet. Das ist unfassbar! Man kommt sich vor wie im Krieg! Der alte Generalfeldmarschall hat hingenommen, dass die verfluchte SA, diese Bande von pseudomilitärischen Schurken unter der Führung dieses Idioten Röhm, Hilfstruppe der Polizei wird. Banditen, die für Ordnung sorgen sollen, das ist der Gipfel! Warum nur? Ich kann es nicht glauben! Und weißt du, wie viele es sind? Drei Millionen, und fünfzigtausend von ihnen werden jetzt als echte Polizisten betrachtet. Dabei haben sie letztes Jahr mehr als einhundert Menschen ermordet!

– Aber nein, mein Schatz, glaubst du nicht auch, dass diese Exzesse auf Leute in Hitlers Umfeld zurückgehen? Das wird sich schon wieder geben, meinst du nicht? Wenn sie sich erst einmal auf der Straße ausgetobt haben, müssen sie wohl oder übel das Land regieren wie ihre Vorgänger auch. Die werden sich mit denselben Problemen auseinandersetzen müssen. Aber nicht alles lässt sich mit dem Schlagstock regeln! Und es wird so sein wie vorher. Glaubst du nicht, dass sich Hitler anpassen wird, jetzt, da er im Amt ist? Er wird sich an die Gesetze des Völkerbundes halten müssen. Die anderen Länder werden es nicht zulassen, dass er sich einfach über die nach dem Krieg gefassten Beschlüsse hinwegsetzt, ohne etwas dagegen zu tun. Das weiß er ganz genau ... Hitler kann nicht so unbeherrscht sein, wie man sagt!

– Aber sicher doch! Seine Freunde sind gefährliche Idioten ohne jede Erziehung. Und Hitler ist der schlimmste von allen. Ich habe die Bürde auf mich genommen und seinen Wälzer von vorn bis hinten durchgelesen, es sind Hirngespinste eines Hysterikers, wie Sigmund Freud sagen würde. Er ist paranoid und glaubt, eine Zauberformel gefunden zu haben, um die Welt in Ordnung zu bringen. Für jede Sache hat er eine wahnwitzige Erklärung parat, und er hält sein Konstrukt aus Behauptungen für absolut logisch und unangreifbar. Er breitet alles haarklein aus und will uns in sein verschrobenes Denken hineinziehen, und ich versichere dir, da drinnen gibt es nichts Rationales. Es ist schrecklich. Es ist wirklich das Werk eines Geistesgestörten, eines Größenwahnsinnigen. Dabei ist es so absurd, dass ich beim Lesen lachen muss.

– Müssen wir Deutschland etwa verlassen?

– Weggehen? Die Nazis werden sich bedanken. Aber wohin sollen wir gehen? Wer nimmt uns auf? Wir werden ein Reisevisum brauchen für das Land, in das wir gehen wollen. Schließlich können wir uns nicht einfach heimlich irgendwo niederlassen! In der Wirtschaftskrise werden vor allem die Ausländer beschuldigt, dass sie den anderen die Arbeit wegnehmen, man jagt die Illegalen hinaus, um dem Vormarsch der extremen Rechten Einhalt zu gebieten. Wir wären Ausländer ohne Papiere, wie all die, die schon aus Mussolinis Italien geflohen sind oder vor dem spanischen Bürgerkrieg. Die Anhänger der Republik und die Faschisten zerfleischen sich auf der Straße gegenseitig. Der Bürgerkrieg ... das ist das Schlimmste ... So wegzugehen, würde uns ein Vermögen kosten, wir würden alles verlieren, ohne Arbeit würden wir unsere Ersparnisse in ein paar Wochen aufbrauchen. Und wovon werden wir leben? Und Bürschi, der gerade erst in die Schule gekommen ist, wo soll er dann zur Schule gehen? In Frankreich? In England? Er spricht kein Wort Französisch oder Englisch ... Stell dir nur mal vor, wir würden mit ihm monatelang in einem Lager sitzen und warten. Siehst du uns als Staatenlose, hinter Stacheldraht, wie wir geduldig darauf warten, dass man uns die Papiere abstempelt?

– Amerika?

– Aber das ist so weit weg! Die Visa vergeben sie jedenfalls nur scheibchenweise. Und dort kann man unmöglich so tun, als sei man für die Ferien gekommen, um dann doch endgültig dazubleiben. Sie sind unglaublich streng vor dem Ablegen der Schiffe hier und auch bei der Ankunft dort. Es ist wirklich kompliziert.

– Palästina? Viele Juden ziehen dorthin …

– Aber da ist nichts als Wüste, mein Schatz. Man lebt dort im Sand wie die Beduinen. Und was werden die Araber sagen, wenn sie eines Tages erfahren, dass sich Deutsche auf ihrem Boden angesiedelt haben, weil man sie in ihrem eigenen Land nicht haben wollte? Auch in Palästina gibt es Antisemiten! Jedenfalls ist es dort im Sommer zu heiß und im Winter zu kalt. Ich müsste den Boden bestellen, du müsstest dich um einen Bauernhof kümmern, Hühner füttern. Du müsstest dich von deiner Garderobe verabschieden, von deinem Klavier und den Konzerten. Und es ist nicht gesagt, dass die Juden eines Tages die Unabhängigkeit in diesem britischen Protektorat erlangen werden. Und selbst wenn, frage ich mich, wie lange sie in der Lage sein werden, sie aufrechtzuerhalten. Auch in der Wüste sind die Männer bereit zu kämpfen. Dafür, dass sie die Flagge ihrer Nation auf dem Grundstück ihres Nachbarn hissen können.

– Ach, ich weiß nicht, aber wir müssen eine Lösung finden …

– Wenn wir zu zweit wären, dann ja. Aber wir sind eine Familie. Ich habe alle Möglichkeiten in Betracht gezogen: die Schweiz, die Tschechoslowakei, Holland, alle. Welches Land auch immer man nimmt, es übersteigt unsere Mittel. Und wer sagt uns, dass diese Länder nicht auch dem Faschismus anheimfallen werden? Die Staaten verlieren einer nach dem anderen den Boden unter den Füßen: Italien, Japan, jetzt auch Spanien. Die Faschisten werden immer mehr, überall, in Frankreich, in den USA …

– Hier ist es am schlimmsten. Es heißt, die Nazis wollen Lager bauen, um all jene loszuwerden, die sich ihren Ideen widersetzen.

– Sie reden nicht von Juden, nur von Kommunisten. Die Lager sind für die politischen Gegner. Beruhige dich. Wir müssen nur die nächsten Wahlen abwarten. Die Menschen werden bald genug haben von den neuen Machthabern. Alle wollen Frieden. Schon jetzt heißt es, die Nazis werden bei den Reichstagswahlen am 5. März nicht die Mehrheit bekommen. Sie werden im freien Fall abstürzen!

Ich spiele in meinem Zimmer. Um diese Zeit ist bei Hitler alles dunkel. Seit er Reichskanzler ist, stehen rund um die Uhr Wachmänner vor dem Haus. Ich spiele mit den Geschenken, die ich zu Weihnachten bekommen habe, dann lese ich ganz allein in meinem Buch mit den Geschichten von Karl May, von einem Forscher, der in Saudi-Arabien und im Jemen herumreist. Ich würde gern in ein fernes Land reisen. Warum sagt mein Vater, wir könnten dort nicht glücklich sein? Ich würde auf einem Kamel quer durch die Wüste reiten, in einer Karawane zu einer Oase umgeben von Palmenhainen. Ich würde eine Fata Morgana sehen und Sandschlösser. Ich träume davon, mich wie ein Beduine anzuziehen, mit Krummsäbel im Gürtel, und auf einem Vollblut zu galoppieren. Ich träume davon, unter freiem Himmel zu schlafen, auf einer Düne aus ganz feinem Sand.

*

Seit drei Wochen ist Hitler Reichskanzler, und in fünf Tagen sind Wahlen. Dann werden die neuen Reichstagsabgeordneten gewählt. Onkel Lion will lieber die Ergebnisse abwarten, bevor er nach Deutschland zurückkommt. Alle sagen, die Nazis werden verlieren.

In den *Münchener Neuesten Nachrichten* von heute Morgen war ein Foto von einem brennenden Gebäude abgebildet: ausgerechnet der Reichstag.

– Zum Glück war es kein Jude, sagt Papa.

– Warum sagst du das? Fragt Mama.

– Bist du nicht auf dem Laufenden? Hast du denn keine Zeitung gelesen? Man redet über nichts anderes. Der Mann, der das Feuer gelegt hat, wurde verhaftet, ein gewisser Marinus van der Lubbe, niederländischer Kommunist, gerade mal fünfundzwanzig Jahre alt. Hitler hat die Gelegenheit genutzt und am Tag darauf alle Grundrechte abgeschafft. Im Namen der Demokratie natürlich. Er behauptet, Deutschland werde von Terroristen, Kommunisten und Ausländern bedroht. Seiner Ansicht nach ist der Brand das Signal für einen gewaltigen Aufstand. Noch am selben Tag hat Hindenburg eine Verordnung des Reichspräsidenten »zum Schutz von Volk und Staat« erlassen. Soll ich dir aus der Zeitung vorlesen? Ich gebe dir eine Zusammenfassung: Artikel 1 hebt die meisten Freiheitsrechte auf, die die Weimarer Republik garantiert hat – das persönliche Freiheitsrecht, das Recht der freien Meinungsäußerung, die Pressefreiheit, das Vereins- und Versammlungsrecht, das Brief-, Post-, Telegrafen- und Fernsprechgeheimnis, Schutz von Wohnung und Eigentum. Mit den Artikeln 2 und 3 werden der Reichsregierung Vorrechte eingeräumt, die normalerweise in der Befugnis der Länder liegen. Artikel 4 und 5 führen sehr schwere Strafen für bestimmte Vergehen ein, unter anderem die Todesstrafe für Brandstiftung an öffentlichen Gebäuden. Und Artikel 6 sieht vor, dass die Verordnung am Tag ihres Erlasses in Kraft tritt.

– Aber das können sie doch nicht ohne die Zustimmung des Parlaments machen!

– Hitler hat eine Rede vor den Abgeordneten gehalten. Natürlich will niemand zu den feindlichen Terroristen gehören, die die Demokratie bedrohen. Die ganze Versammlung ist aufgestanden, als er die Nationalhymne anstimmte. Er ist Machiavellist. Und Manichäer: Wer gegen seine Ideen ist, fördert in seinen Augen den Terrorismus. Ununterbrochen beschwört er die Gefahr einer bolschewistischen Revolution. Das ist unhaltbar. Das Ergebnis ist, dass seine Schergen jetzt schon dabei sind, massenhaft Kommunisten auszuschalten. Freunde haben mich angerufen. Sogar Ernst Thälmann ist auf der Flucht!

– Der KPD-Chef? Aber wenn doch sechs Millionen Deutsche gerade erst für ihn gestimmt haben ...

– Sie werden ihn fassen. Ich garantiere dir, wenn dieser Marinus ein Jude gewesen wäre, stünden bereits sämtliche Synagogen im Land in Flammen.

– Was willst du damit sagen?

– Ich will damit sagen, das ist das Ende der Weimarer Republik, das Ende der Republik überhaupt.

Ich habe keine Lust mehr, den Erwachsenen zuzuhören, sie langweilen mich. In der Schule sagte mir Ralph, bei ihm gehe es zu Hause genauso zu. Auch er hat keine Lust mehr zuzuhören. Bei unseren Spielen erfinden wir eine Welt ohne Kriege und ohne Grenzen. Wenn die Kinder auf dem Hof Krieg spielen, halten wir uns raus. Wir setzen uns nebeneinander und lesen die Bücher von Karl May. Eines Tages werden wir gemeinsam auf Reisen gehen, ohne unseren Eltern etwas davon zu sagen. Sie werden beeindruckt sein und stolz, wenn wir zurückkommen und berühmt sind, gefolgt von einer Schar von Dienern, die beladen sind mit exotischen Geschenken ... Aber zu Hause sind alle traurig. Erst spielt Papa mit mir, er ist auf allen Vieren, und ich klettere auf seinen Rücken, dann dreht er sich um und kitzelt mich durch. Aber dann will er nicht mehr. Er wird schnell ärgerlich. Meine Mutter wirkt müde. Sie sagt, das Leben sei schwierig.

Ich lausche ihnen, versteckt hinter der Tür meines Zimmers. Ich kann sie durch den Türspalt sehen. Sie sprechen über Thomas Mann.

– Er ist mit Lion in Frankreich.

– Im Süden, in Sanary?

– Ja. Die Nazis sind in Lions Berliner Haus eingedrungen. Sie haben alles verwüstet, die Fenster eingeschlagen, die Bücherregale umgeworfen, wie die Vandalen. Das Haus ist eine Ruine. Die Poesie dieser kleinen, so sorgfältig erschaffenen Welt hat sich mit einem Schlag in Luft aufgelöst. Genauso haben sie es bei Thomas Mann gemacht.

– Oh mein Gott! Warum denn bei Thomas Mann? Er ist doch weder Jude noch Kommunist ...

– Nein, aber er ist »dekadent« – ein Makel, der fast so gravierend ist wie »entartet« und der in den Augen dieser Verrückten auch uns anhaftet.

*

Ich mag es nicht, wenn meine Eltern abends ausgehen, ich habe Angst, dass sie nicht wiederkommen, dass man sie verhaftet und in ein Lager einsperrt. Rosie hat mir gesagt, man habe Ernst Thälmann verhaftet, den Mann an der Spitze der kommunistischen Partei, und auch viele seiner Mitstreiter. Einige wurden in ein Barackenlager eingepfercht, in Dachau, nicht weit von München.

*

Rosie hat mich von der Schule abgeholt wie jeden Tag. Sie hatte einen Imbiss in ihrer Tasche. Das Wetter war schön, wir sind in den Park gegangen, um dort zu essen. Ich durfte einmal auf die Schaukel. Uniformierte marschierten in kleinen Gruppen vorbei, alle trugen sie die Armbinde mit dem Hakenkreuz. Ihre Schritte machten ein regelmäßiges Geräusch, wie Trommelschläge oder wie die Schläge eines Hammers auf einen Amboss. Man konnte hören, wie sie mit ihren Stiefeln die kleinen Steine zermalmten. Rosie drehte sich mir zu, als einer von ihnen in unsere Richtung blickte. Auf dem

Rückweg sagte sie nichts. Mama war zu Hause, aber sie half mir nicht bei den Hausaufgaben, sondern bat Rosie, sich um mich zu kümmern. Sie gab mir auch keinen Gutenachtkuss, und jetzt liege ich im Bett. Ich hätte gern noch ein bisschen gespielt nach dem Abendessen, aber ich durfte nicht. Ich weiß nicht, was heute los ist, aber alles ist anders. Ich höre die Autos auf der Straße. Türen werden zugeschlagen. Ich höre Papa und Mama im Wohnzimmer miteinander reden.

– Sie haben ein riesiges Hakenkreuz an die Fassade des Rathauses gehängt. Gerade einmal einen Monat ist er Reichskanzler, und schon wagt er es, die Stadt mit den Symbolen seiner Partei vollzuhängen, sagt Papa. Ich kann es nicht fassen. Das ist absolut illegal. Aber weitaus schlimmer ist, dass die Münchener Polizei jetzt von der SS angeführt wird. Auf Hitlers Anordnung sind alle Befugnisse auf Himmler, den Chef seines Ordnungstrupps, übergegangen. Sie haben offiziell angekündigt, dass diese neue Polizei gegen Kommunisten, Marxisten … und Juden vorgehen wird. Heute hat es Verhaftungen gegeben. Sie rücken in Banden an, dringen in Geschäfte ein und schlagen alles kurz und klein, dann schleppen sie Angestellte und Besitzer fort. Das ist ein Alptraum.

*

Auch heute ist die Stimmung gedrückt. Mama wollte mir wieder nicht bei den Hausaufgaben helfen. Sie hat mich an Rosie übergeben. Wir sind in der Küche. Es ist Vesperzeit. Ich habe genug davon, dass Mama keine Zeit für mich hat. Ich möchte Klavier spielen auf ihrem Schoß. Im Zimmer nebenan sprechen meine Eltern über den Vater von Beate Siegel, meiner Freundin, mit der ich im Sommer am See Schmetterlinge und Grashüpfer gefangen habe.

– … Herr Uhlfelder ist einer seiner Kunden, sagt Papa. Die Nazis haben gestern sein Geschäft zerstört und dann haben sie ihn mitgenommen. Keiner weiß, wo er ist. Michael ist heute Morgen ins Kommissariat gegangen, um ihn rauszuholen. Seitdem haben wir auch von ihm nichts mehr gehört.

Ich stecke meine Nase in die Tasse mit dem Kakao und höre meinen eigenen Atem. Ich betrachte die Farben, die die Milch annimmt. Ich möchte die Milchhaut nicht runterschlucken. Heute ist es schön draußen. Gott sei Dank sind meine Eltern da. Vielleicht werden sie Beates Vater töten. Rosie sagt nichts.

Ich mache meine Hausaufgaben, bade, esse mein Abendbrot. Im Bett lese ich eine Geschichte. Draußen ist es noch immer hell. Das Telefon hat den ganzen Abend lang geklingelt. Ich höre Papas Stimme im Wohnzimmer. Ich weiß, dass er über Beates Vater spricht, Herrn Siegel.

– … und dann hat eine Bande von SA-Leuten Michael in ein kleines Büro gezerrt. Sie haben ihn verprügelt und ihm zwei Zähne ausgeschlagen. Sie haben seine Hose zerrissen, und dann haben sie ihm ein Schild um den Hals gehängt, auf dem stand: »Ich werde mich nie mehr bei der Polizei beschweren«, und sie zwangen ihn, so auf die Straße zu gehen. Er musste den ganzen Tag barfuß durch München gehen, sie haben ihn herumgeführt wie einen Sklaven, ein Zirkustier, einen Verrückten. Schaulustige gafften. Dann haben sie ihm den Lauf eines Gewehrs an die Schläfe gesetzt und ihn lachend und ohne weitere Erklärung gehen lassen. Er konnte ein Taxi nehmen und nach Hause fahren. Jetzt liegt er im Bett. Er lebt.

*

Mamas Bruder hat uns per Post eine französische Zeitschrift geschickt, *L'Illustration*. Auf der Titelseite sind englische Kinder auf der Straße zu sehen. Man könnte meinen, sie spielen Himmel und Hölle. Auf den Asphalt sind mit weißer Kreide die englischen Worte gemalt: »*Boycott German Goods. Open Palestine.*« Papa übersetzt es mir:

– »Boykottiert deutsche Waren. Öffnet Palästina.«

Er zeigt mir die ganze Zeitschrift. Dort sind Fotos von Militärs zu sehen, eine Parade der Reichswehr im Schlosshof, im Lustgarten in Berlin. Im Text heißt es, »Batterien haben Ehrensalven vor dem Schloss abgefeuert«. Ich betrachte die Kanonen, die auf Lastwagen befestigt sind.

– Das ist das Ende der Republik, Bürschi. Sieh es dir genau an, das darfst du nicht vergessen.

Auf der folgenden Seite ist ein großes Foto mit einer Innenansicht der Kirche in Potsdam zu sehen. Er liest die Zeile ganz oben:

– »Das ist der Zusammenbruch der Weimarer Republik und der Beginn des Dritten Reiches«.

Ganz klein ist Hitler zu sehen, aufrecht hinter einem Redepult stehend. Ich erkenne ihn wieder, und auch Generalfeldmarschall Hindenburg, der vor ihm sitzt. Papa liest die Bildunterschrift vor:

– »Eröffnungssitzung des neuen Reichstags in der Garnisonskirche in Potsdam am 21. März. Rechts in den Ehrenlogen sitzen Persönlichkeiten von Rang; im Hintergrund die Abgeordneten von Hitlers Partei im braunen Hemd; im Vordergrund die Abgeordneten der katholischen Zentrumspartei und der bürgerlichen Parteien; mittig, in einem den Mitgliedern der Regierung vorbehaltenen Bereich, Reichskanzler Hitler seine Rede haltend vor Reichspräsident Hindenburg in der Uniform des Generalfeldmarschalls.«

Auf der linken Seite sind auf einem kleineren Foto Gruppen von Soldaten mit Nazi-Armbinden zu sehen, wie sie sich wechselseitig grüßen.

– Siehst du, sie stehen vor dem Eingang der Krolloper in Berlin, wo sich das Parlament provisorisch eingerichtet hat. Das Foto wurde zwei Tage nach diesem hier aufgenommen, also vor zwei Wochen.

Und er liest Mama den Text vor. Ich verstehe nicht alles, was ich höre. Ich mag seine Stimme, wenn er vorliest, sie wird ganz weich.

– »Gegen alle Gepflogenheit war es nicht der Alterspräsident, sondern Reichstagspräsident Hermann Göring, der die Eröffnungsrede hielt. Da keinerlei Opposition mehr vorhanden war, herrschte größte Disziplin, und die Wahl fand ohne den kleinsten Zwischenfall statt. Im selben Raum verlas der Reichskanzler am 23. März seine Regierungserklärung. In dieser langen Verlautbarung ist nichts mehr zu spüren von der sprachlichen Gewalt, die Hitler als Parteichef an den Tag gelegt hatte. Und sämtliche Parlamentsreden zielten ausschließlich darauf ab, einen Gesetzesentwurf durchzubringen, der vorsah, der Regierung alle Befugnisse zu übertragen. Der Exekutive sollten alle Vorrechte eingeräumt werden, die zuvor in Händen der Legislative lagen: Verabschiedung von Gesetzen selbst in Haushaltsfragen nebst Verfassungsänderungen. Die üblichen Beziehungen zwischen dem Reichspräsidenten und dem Parlament werden aufgehoben zugunsten des Reichskanzlers, der jetzt die Gesetze verabschiedet. Diese Ausnahmeregelung soll für eine Dauer von vier Jahren bestehen, also bis zum ersten April 1937. Das Gesetz wurde mit vierhundertvierundvierzig Stimmen gegen vierundneunzig Stimmen bei insgesamt sechshundertsiebenundvierzig stimmberechtigten Abgeordneten angenommen, wobei die einundachtzig Kommunisten von der Versammlung ausgeschlossen worden waren und sich ein Dutzend Sozialisten im Gefängnis befand. Daraufhin vertagte sich der Reichstag auf unbestimmte Zeit. Demzufolge übt Reichskanzler Hitler seither eine Diktatur ohne jeder Kontrolle aus.«

Auf einem anderen Foto sieht man Männer, die in einem Hof marschieren.

– »Beim Ausgang der politischen deutschen Gefangenen im Hof des Berliner Polizeipräsidiums«, liest Papa.

– Und über die Juden wird nichts gesagt? Fragt Mama.

– Doch, hier: »Auch die antisemitische Hetzkampagne wurde mit einer solchen Vehemenz fortgesetzt, dass zahlreiche Juden, vornehmlich aus intellektuellen Kreisen, zu dem Schluss gekommen sind, Deutschland verlassen zu müssen. In der ganzen Welt, vor allem aber in den USA und in England, haben ihre Glaubensbrüder die Initiative ergriffen und eine Protestbewegung gebildet, die damit natürlich eine breite Öffentlichkeit erreichen will.«

– Ist das alles?

– Ja, das ist alles.

Mama wirkt enttäuscht. Sie nimmt sich die Zeitschrift, blättert die Seiten durch, so als ob sie etwas suchte. Ihre Augen sind gerötet. Dann legt sie die Zeitschrift hin und geht in ihr Zimmer.

*

Seit Hitler in Deutschland an die Macht gelangt ist, verhält sich Fräulein Weikl anders in der Schule, sie spricht viel über ihn. Diese Woche haben wir mit einem neuen Heft begonnen. Jeden Tag lässt sie uns darin zeichnen. Ich male meine Zeichnungen gern aus. Ich habe einen Federkasten, in dem sich meine Buntstifte, ein Bleistift und ein Federhalter befinden. Ich stelle das Tintenfass in eine kleine Vertiefung auf meinem Tisch. Ich kann es nicht erwarten anzufangen!

– Dieses Heft ist wie ein neues Leben, das für uns und für Deutschland beginnt, hat Fräulein Weikl gesagt.

*

Heute war der 1. Mai, der Tag der Arbeit. Rosie trifft jedes Jahr an diesem Tag ihre Kameraden wieder. Sie demonstrieren in den Straßen, mit ihrer Verpflegung unterm Arm, und am Abend tanzen sie fröhlich. Orchester spielen heitere Melodien, Laternen erleuchten die Plätze, wo man zum Feiern Tische und Bänke aufstellt.

Zum ersten Mal hat dieses Fest nicht stattgefunden: Hitler hat es durch ein anderes Fest ersetzt – das seiner Partei. Fräulein Weikl hat uns erklärt, von nun an sei es »das Fest der wahren Arbeiter, die ihr Land lieben, und nicht das der Faulenzer, die nie etwas tun wollen«. Und sie schlug uns vor, wir könnten doch eine Zeichnung zu diesem Thema anfertigen. Ich holte mein neues Heft aus dem Ranzen, schlug es auf und nahm mir die Zeichnung zum Vorbild, die die Lehrerin an die Tafel gemalt hatte. Zuerst habe ich sorgfältig einen großen Hammer gezeichnet, das Symbol der Kommunisten. Ins Innere des Hammers schrieb ich »1. Mai«. Dann habe ich ein großes Hakenkreuz skizziert. Es überdeckte den Hammer vollständig. Am Schluss malte ich alles aus. Es ist meine schönste Zeichnung. Ich habe Angst, es Rosie zu zeigen und ihr damit vielleicht Kummer zu machen. Man könnte sagen, die Nazis haben den Krieg gegen die Spartakisten gewonnen.

*

Wir schreiben und zeichnen jeden Tag. Fräulein Weikl sagt, ich habe eine der schönsten Handschriften der Klasse. Wir schreiben in Fraktur, die Buchstaben haben Schleifen, wir sind ganz ernst bei der Sache. Sie gibt uns Unterricht in Geschichte und Geografie. Ich verstehe den Krieg jetzt besser. Ich habe einen prachtvollen Adler gezeichnet und ein Eisernes Kreuz, und dann habe ich geschrieben: »1914 – 1918«. Ein richtiges Plakat, könnte man meinen. Ich habe eine Karte von Deutschland gezeichnet, ohne die Regionen zu vergessen, die uns von den anderen Ländern weggenommen wurden. Wir haben den Krieg verloren. Vier gegen siebenundzwanzig, das war ein ungleicher Kampf. Unsere Feinde haben sich wie die Feiglinge verhalten! Wir reden jeden Tag darüber. Wir haben alle große Tafeln in unsere Hefte gemalt, um die verletzten oder toten Soldaten aus unserer Familie zu zählen. Ein Strich bedeutete ein Verletzter, ein Kreuz ein Toter. Es gab drei Spalten, eine für die Väter, eine für die Onkel und eine für die Großväter. Ich hatte einen Strich, für meinen Onkel Berthold. Ich habe mich gemeldet, bin an die Tafel gegangen und habe erzählt, wie er kilometerweit marschiert ist und in den Schützengräben gekämpft hat, wie er sich Tag und Nacht mit dem Feind geschlagen hat, ohne jemals zu schlafen und während die Granaten um ihn herum einschlugen und seine Kameraden tödlich verletzten; dann habe ich noch gesagt, er sei der Meinung gewesen, wir hätten den Krieg gewinnen müssen, und Fräulein Weikl richtete sich lächelnd auf, mit geschwellter Brust und feuchten Augen. Sie beglückwünschte mich mit bebender Stimme und schien stolz auf mich zu sein. Und ich war es auch.

Ich bin wirklich glücklich in dieser Schule. Unsere Lehrerin ist herrlich. Sie ist noch schöner als Dorle und genauso sanft wie meine Mutter und sie ist immer freundlich zu mir. Ich sehe sie gerne an. Ich glaube, sie findet etwas Besonderes an mir. Wenn ich eine Aufgabe abschreibe, ein Bild einklebe oder eine Zeichnung ausmale, stellt sie sich hinter mich und sieht über meine Schulter herweg in mein Heft. Ich höre sie atmen. Da ist ihr Parfum, das mich umgibt, und ich lasse mich von ihm einlullen. Sie beugt sich zu mir hinunter und nimmt meine Hand, um mir zu zeigen, wie man einen Buchstaben noch besser malen kann. Ihre Handfläche liegt sanft auf meinen Fingern. Ihre Haare duften. Draußen ist es warm, die Sonnenstrahlen erwärmen meine Arme. Ich habe das Bild eines Pferdes eingeklebt, das vor einem Soldatengrab steht. Man sieht, dass es traurig ist, denn es hat seinen Reiter verloren. Ich habe noch sorgfältig einen schwarzen Rahmen darum gemalt, wie bei einem richtigen Gemälde. Der Soldat hätte mein Onkel sein können. Werde ich im Krieg sterben?

– Deutschland musste sein Heer nach dem großen Krieg demobilisieren: Früher besaßen wir Fregatten, Dreidecker, wir waren die Stärksten … Doch wir wurden verraten, erklärte uns die Lehrerin.

Ich habe zwei Zeitungsfotos auf einer Doppelseite nebeneinander geklebt. Auf dem ersten ist die Statue eines Soldaten zu sehen.

Darunter liegen ausgebreitet Blumensträuße, Kriegsverdienstkreuze und Banderolen mit Abschiedsworten seiner Familie und der überlebenden Kameraden. Auf die andere Seite habe ich einen Stich von einem Kreuz am verlassenen Schlachtfeld geklebt und eine Holzleiste darum herum gemalt. Es ist das Grab eines vergessenen Soldaten, wie verloren auf dem flachen Land. In der Ferne sind ein paar vereinzelte Bäume zu sehen, wie Soldaten in einer Reihe. Die beiden Bilder nebeneinander sind traurig. Sie sind grau wie der Himmel, wenn es regnet. Als Fräulein Weikl sah, wie ich sie betrachtete, strich sie mir mit der Hand übers Haar.

– Woche um Woche, so erklärte sie uns, beladen deutsche Arbeiter Hunderte von Waggons mit Korn, Kohle und all den Nahrungsmitteln, die uns doch so sehr fehlen. Die Züge werden nach Frankreich geschickt, um unsere ohnehin schon so reichen Feinde zu ernähren. Die deutschen Politiker mussten diese Notstände hinnehmen, um den Feindseligkeiten ein Ende zu machen. Die siebenundzwanzig Länder, gegen die wir im Alleingang gekämpft haben, haben uns diese ungerechten Bedingungen auferlegt. Unsere Soldaten, die sowieso schon schwer gelitten hatten, waren im Begriff, die letzten Schlachten zu gewinnen. In den warmen Städten, fernab von den Schlachtfeldern, haben die deutschen Politiker in ihrer Feigheit, Gier und Verdorbenheit vor dem Feind kapituliert und unseren Helden ein Messer in den Rücken gerammt.

Auf meiner schönsten Zeichnung ist ein Hakenkreuz zu sehen, das über der aufgehenden Sonne schwebt. Auf die Seite daneben habe ich ein Foto von Hitler vor einem Flugzeug geklebt. Ein großes Mädchen übergibt ihm Blumen; seitlich steht ein Junge in meinem Alter und betrachtet ihn. Hitler scheint zu lächeln, er beugt sich zu dem Mädchen und sagt etwas. Ein anderes Mädchen beobachtet das neidvoll. Hinter den Kindern stehen die Mütter mit einem ebenso bewundernden Blick, so wie bei Fräulein Weikl, wenn der Direktor in die Klasse kommt und uns lobt. Der Führer trägt eine

Armbinde mit Hakenkreuz. Mit einem Farbstift habe ich fünfundzwanzig Hakenkreuze und eine Landschaft mit aufgehender Sonne gemalt.

Ich bin lieber in der Schule als zu Hause. Meine Eltern sind genervt, sie schimpfen beim geringsten Anlass und reden ununterbrochen über Politik. Wenn Freunde zu Besuch kommen, sind sie freundlich in ihrer Gegenwart, aber sobald sie fort sind, fragen sie sich: Sind es wahre Freunde? Können wir ihnen vertrauen? Ralph und ich stellen uns in der Schule dieselbe Frage: Wem von unseren Kameraden können wir trauen? Einige sind nicht so zuverlässig, wie sie scheinen!

*

Onkel Lion wird nie wieder nach Deutschland zurückkehren. Hitler hat ihm die Staatsbürgerschaft aberkannt. Er hat alle seine Bücher verbrennen lassen. Soldaten sind in die Buchläden gegangen, haben sie gegriffen und dann auf der Straße in solchen Mengen aufgetürmt, dass richtige Berge entstanden. Dann haben sie sie mit Benzin übergossen und angezündet. In Frankreich scheint es ihm aber gut zu gehen. Er wohnt in einem Hotel am Meer, zusammen mit der Familie von Thomas Mann. Sie haben ein kleines Deutschland geschaffen. Franz Hessel, der Übersetzer von Marcel Proust, von dem mir Ralphs Vater erzählt hat, ist bei ihnen. Mama wünscht sich, dass wir zu ihnen fahren.

Mamas Bruder Heinrich, der nach dem Schwarzen Donnerstag seine Villa am See verkaufen musste, hat Deutschland ebenfalls verlassen. Er ist in Paris.

*

Bald sind Ferien! Am Morgen stellen wir uns im Hof in einer Reihe auf und müssen lange den Arm nach oben strecken, während wir die Nationalhymne singen. Dabei wird die Schulter ganz steif und fängt an wehzutun. Ralph ist etwas eingefallen, und wir haben es den anderen weitergesagt: Wir legen den Arm einfach auf der Schulter unseres Vordermanns ab. Wenn Fräulein Weikl näherkommt, nehmen wir natürlich die vorgeschriebene Haltung an. Sie merkt nichts. Lächelnd geht sie an uns vorbei und gibt uns freundschaftliche Klapse, um uns zu loben.

*

Dieses Jahr verbrachten wir die Sommerferien wieder am See. Die Zeit fliegt nur so dahin, wenn ich nicht in der Schule bin. Kaum war ich aufgestanden, war der Tag schon wieder vorbei, und ich musste schlafen gehen. Dennoch waren die Tage lang, morgens weckte mich die Sonne, und abends legte ich mich ins Bett, bevor sie unterging. Jeden Tag ging ich mit meinem Vater angeln, und meine Mutter servierte uns die Ausbeute des Fangs zum Abendessen. Papa half mir dabei, eine riesige Hütte zu bauen. Sie hatte eine Tür aus Laub, auf das die Wassertropfen an den Regentagen herunterprasselten. Ich habe meine Eltern zu einem kleinen Imbiss eingeladen und ihnen einen Saft aus Zitronen angeboten, die ich zuvor ausgepresst hatte. Mit einem Feuerstein haben wir unsere Initialen in die Rinde eines Baums geritzt wie die Menschen aus der Vorzeit.

*

Jetzt sind wir wieder zu Hause. Ich war froh, meine Klassenkameraden wiederzusehen. Im Hof haben wir unsere Sonnenbräune verglichen. Ich war der hellste von allen. Ralph hat sehr dunkle Haut. Er ist blond, aber er bekommt nie einen Sonnenbrand. Fräulein

Weikl bat jeden einzelnen Schüler, von seinen Ferien zu berichten. An der Tafel habe ich erklärt, wie man einen Regenwurm an einem Angelhaken befestigt und wie man einen Schwimmer bastelt. Ich habe die Gründlinge beschrieben, die wir im See geangelt haben und an die Tafel skizziert, wie man beim Segeln den Wind in den Griff bekommt, wie man eine Fock einholt und wie das mit dem Trimmen funktioniert, wenn das Boot Schlagseite bekommt. Aber meine geheime Geschichte habe ich nicht verraten. Ich denke oft daran. Nur Ralph habe ich sie anvertraut, und er musste mir schwören, dass er sie nicht weitererzählt.

Wir saßen am Tisch beim Mittagessen, als es an die Tür des Landhauses klopfte. Papa machte auf, und Männer in Uniform kamen herein. Es war die Gestapo. Ich hatte Angst, dass sie uns mitnehmen. Sie haben uns nach unseren Papieren gefragt, Mama ging sie holen, dann wollten sie wissen, wo die anderen Dokumente versteckt seien, die von Heinrich Rheinstrom, meinem Onkel. Meine Eltern sahen einander erstaunt an. Die Soldaten bedrängten sie und begannen, alles zu durchsuchen. Sie haben alle Zimmer im Haus inspiziert. Sie haben die Matratzen umgedreht, die Gläser mit Erbsen, Reis und Nudeln ausgekippt, sogar das Marmeladenglas. Sie haben in den Schubladen und Schränken gewühlt, die Kleidung auseinandergenommen, die Jackenärmel und Hosenbeine umgestülpt. Sie haben Mama über ihren Bruder ausgefragt, über Onkel Heinrich. Mama sagte, sie wisse nichts, er sei abgereist, ohne eine Adresse zu hinterlassen, er habe ihr nur gesagt, dass wir während seiner Abwesenheit sein Haus benutzen dürften. Das hat den ganzen Nachmittag gedauert. Um sich freundlich zu zeigen, bereitete Mama ihnen eine Kleinigkeit zu essen zu und bat mich, sie den Männern zu bringen. Als eine Scheibe Brot mit der Butterseite nach unten auf den Boden fiel, habe ich sie auf den Teller zurückgelegt, ohne etwas zu sagen. Die Polizisten haben nichts bemerkt und die Brote ohne ein Wort verschlungen, und ich war stolz auf meinen Streich. Der Unangenehmste von allen sagte laut: »Es gibt nichts zu holen bei diesen Juden. Lasst uns zurückgehen.« Sie sind wieder gegangen, meine Eltern haben nichts gesagt, und dann aßen wir schweigend. Es wurde schon dunkel.

*

In der Pause bilden wir einen ganz engen Kreis um Thomas, den Klassenbesten. Er wohnt neben Herrn Hoffmann, Hitlers persönlichem Fotografen. Ich kenne diese Villa, weil ich oft mit Thomas nach Hause gehe. Einmal haben wir den Fotografen gesehen, wie er am Steuer eines grauen Mercedes, der aussah wie ein Rennwagen, aus der Tiefgarage kam. Wir waren also alle im Hof um Thomas herum versammelt, als dieser uns erzählte, er habe vergangenen Sonntag Hitler gesehen. Ich habe gesagt, dass ich ihn oft sehe, weil er uns gegenüber wohnt, und Thomas meinte laut, er habe ihn aus noch größerer Nähe gesehen: Hitler sonnte sich im Garten, ausgestreckt auf einem Liegestuhl.

– Und er hat dich nicht gesehen? fragte ihn Ralph.

– Nein, denn ich habe mich hinter den Sträuchern versteckt, die zwischen unseren beiden Gärten stehen, antwortete Thomas. Er konnte mich nicht sehen.

– Ein Cousin meines Vaters hat eine Freundin von Hitler ganz nackt gesehen, sagte ich. Dieser Cousin wohnt ihr gegenüber, und sie sonnt sich die ganze Zeit an ihrem Fenster, ihr kleiner Hund ist immer dabei. Sie heißt Eva Braun.

Die Glocke hat geläutet, und wir gehen ins Klassenzimmer zurück.

In der Klasse sprach Fräulein Weikl wieder von Hitler. Sie erklärte uns, er wolle, dass Deutschland aus dem Völkerbund austritt, jener pazifistischen Organisation, der nach dem Krieg alle Länder der Welt beigetreten sind.

– Diese Organisation wird von unseren Feinden gelenkt, sie saugt Deutschland das Blut aus, meinte Fräulein Weikl.

Und dann las sie uns den Text des Referendums vor, das überall in der Stadt angeschlagen ist:

– »Billigst Du, deutscher Mann, und Du, deutsche Frau, diese Politik Deiner Reichsregierung, und bist Du bereit, sie als den Ausdruck Deiner eigenen Auffassung und Deines eigenen Willens zu erklären und Dich feierlich zu ihr zu bekennen?«

Wenn man nicht einverstanden ist, lohnt es sich gar nicht erst, zur Abstimmung zu gehen.

Meine Eltern werden nicht hingehen.

*

Meine Mutter und ich kommen am Kino unseres Viertels vorbei, dessen Fassade übersät ist mit Plakaten für das Referendum: Hitler und Hindenburg posieren wie Hollywoodstars. Aber im Kinosaal, der zu einem Wahlbüro umfunktioniert wurde, soll kein Film gezeigt werden; vor dem Eingang hat sich ein Menschenauflauf gebildet, eine Gruppe von Fotografen stürzt vor ein näherkommendes Paar. Der Mann trägt einen kleinen Schnauzbart, er ist rundlich und bewegt sich wie ein Kreisel, um voranzukommen. An seinem Arm trippelt eine kleine ältere Frau in Schwarz mit einem Hut in der Form eines Blumentopfes. Kameras blitzen, die beiden betreten das Kinogebäude.

Die Zeitung liegt aufgeschlagen auf dem Tisch, ich erkenne das Paar wieder, das wir vor dem Kino gesehen haben. Es waren Ernst Röhm und seine Mutter.

Röhm ist der Chef der Nazi-Soldaten, der SA, die man überall auf den Straßen sieht. Fräulein Weikl hat uns gesagt, der SA gehörten im Moment drei Millionen Männer an.

Ich lese die Überschrift in der Zeitung; mehr als 90 Prozent der Wähler haben mit »Ja« für Hitler gestimmt. Deutschland wird aus dem Völkerbund austreten.

Ich bete, dass Rosies Jesus unsere Familie beschützt.

1934

Es kam die Zeit, da ich nicht mehr wie in den ersten Tagen blind durch die mächtige Stadt wandelte, sondern mit offenem Auge außer den Bauten auch die Menschen besah.
Als ich einmal so durch die innere Stadt strich, stieß ich plötzlich auf eine Erscheinung in langem Kaftan mit schwarzen Locken. Ist dies auch ein Jude? war mein erster Gedanke. [...] Ich beobachtete den Mann verstohlen und vorsichtig, allein je länger ich in dieses fremde Gesicht starrte und forschend Zug um Zug prüfte, um so mehr wandelte sich in meinem Gehirn die erste Frage zu einer anderen Frage: Ist dies auch ein Deutscher?

Adolf Hitler, *Mein Kampf,* über seine ersten Jahre in Wien

UNSER HAUSMEISTER HEISST HERR FUNK. Er lebt in einer dunklen Wohnung, von deren Fenstern aus man die Füße der Passanten sieht. Von dort kann man die Beine der Frauen betrachten und ihre hohen Absätze. Ich gehe manchmal hin, wenn ich aus der Schule komme, denn Funk und Rosie sind eng befreundet. Wir setzen uns ins Esszimmer, er bietet mir eine Orangenlimonade an, ich höre ihrem Gespräch zu.

Funk hat Rosie in die Politik eingeweiht. Er behauptet, Rosie sei ein falscher Name und sie nenne sich nur wegen Rosa Luxemburg so. In Wirklichkeit heißt Rosie tatsächlich Rosie. Die Geschichte ist nur eben einfach lustiger so! Er ist komisch, unser Hausmeister, ganz klein, nur ein bisschen größer als ich. Er trägt immer einen blauen Kittel, und er ist überall gleichzeitig. Wenn man die Haustür öffnet, steht er dahinter. Wenn man aus der Schule kommt, ist er mit einem Eimer in der Eingangshalle zugange. Mit dem Scheuerlappen wischt er die Treppen, bohnert die hölzernen Stufen und poliert das kupferne Geländer im ganzen Haus. Er bringt die Mülleimer hinunter und die Post herauf, er verteilt die Zeitungen und verkündet dabei laut die Überschriften. Die ganze Zeit macht er Witze und neckt Rosie. Er weiß viele Dinge und erklärt sie uns. Bei ihm zu Hause liegen überall Zeitungsstapel. Mit Rosie spricht er oft über Adolf Hitler. Funk weiß alles, was bei ihm vor sich geht. Er kennt die Automarken, die Namen der Dienstgrade der Chauffeure und der Wachmänner. Er war im Krieg und weiß alles über die Armee. Er erzählt uns von Generälen, von Hauptgefreiten, Obergefreiten, von Tressen und Uniformen, Säbeln und Gewehren, Granatwerfern, Flugzeugen und Fregatten. Er sagt, die SA ist ein Haufen von Marionettensoldaten, ohne Waffen und Ausbildung, und die französische Armee hält er für die stärkste der Welt. Auf einem

Schreibtisch in seinem Arbeitszimmer stehen mehrere Armeen aus Bleisoldaten. Seine Lieblingssoldaten sind die von Napoleon. Sie sind die schönsten. Die Soldaten der Kaiserlichen Garde Napoleons mit den hohen schwarzen Pelzhüten mag ich am liebsten. Sie sehen aus wie Zirkusbären. Wenn Funk von den Schlachten spricht, den Bündnissen, den Königreichen, Republiken und Kaisern, den Königen und Königinnen, Präsidenten und Ministern, verdreht Rosie die Augen. Sie langweilt sich. Er unterbricht seinen Vortrag und serviert uns Kakao und Rosinensemmeln.

*

Letzte Nacht bin ich aufgeschreckt. Mir war, als hörte ich eine Art Trommelwirbel auf der Straße: Das Gewitter ließ meinen Körper im Bett vibrieren, der Regen schlug an die Fensterscheiben. Ein anderes Geräusch, das noch lauter war, dröhnte heran, es war das Getöse von Motoren. Menschen schrien draußen und Autotüren knallten. Ich erkannte das Geräusch, es waren Motorradgespanne, die eine Art Beiwagen haben, der auf einem dritten Rad rollt. Man sieht sie immer häufiger auf den Straßen. Ich legte meinen Kopf auf das Kopfkissen und schlief wieder ein. Erst heute habe ich erfahren, was in dieser Nacht passiert ist. Funk und Rosie haben bei der Brotzeit darüber gesprochen: Hitler hat Ernst Röhm persönlich festgenommen, den dicken Mann, den ich gesehen habe, als er mit seiner Mutter zur Wahl ging. Funk sagte, jetzt müssen wir wirklich aufpassen. Es ist jetzt für alle gefährlich, nicht nur für die Kommunisten, auch für die Nazis selbst! Wir haben zu Ende gegessen und sind in die Wohnung hinaufgegangen.

*

Ich fühle mich schlecht. Irgendetwas Schlimmes passiert gerade. Der Herzog und Tante Bobbie sind zu uns heruntergekommen. Sie, Papa und Mama sehen einander an, ohne etwas zu sagen. Die Vorhänge sind zugezogen. Man kann nicht rausschauen und niemand von draußen kann zu uns hereinsehen. Rosie schöpft mir in der Küche eine Kelle Suppe in den Teller, die Tür steht halboffen und ich kann die Erwachsenen im Wohnzimmer sehen. Sie stehen. Papa streicht sich den Schnurrbart mit den Fingern glatt, der Herzog rückt sein Monokel zurecht und bietet Papa eine Zigarette aus dem kleinen Etui aus Silber und Leder an, wo sie eng nebeneinander liegen und nur von einer kleinen Federklammer gehalten werden. Mama und Tante Bobbie haben sich hingesetzt. Alle vier sprechen leise miteinander. Ich kann nur einzelne Wörter hören: »Hitler«, »Jude« und »weggehen«.

Es wird dunkel. Die Lampen im Haus sind noch nicht an, es dämmert, Rosie sagt, ich soll meine Suppe aufessen. Sie hat alles hineingetan, was ich mag: Käse, knusprige Croûtons, die jetzt butterweich sind, und, um mir einen besonderen Gefallen zu tun, eine Prise Zucker. Als ich ins Wohnzimmer ging, um Gute Nacht zu sagen, hatte Mama gerötete Augen, Papa sah mich nicht an, als ich ihn umarmte, dann ging ich schlafen. Rosie sang mir ein Schlaflied vor.

*

Wir sind bei Funk. Er liest laut aus den Zeitungen vor:

– »Ernst Röhm war dabei, einen Putsch gegen Hitler vorzubereiten.« »Er wollte seine SA an die Macht bringen, die Deutschland ausgeplündert hätte.« »Es wäre ein Chaos entstanden.« »Eine Revolution.« »Ein Blutbad.«

Funk weiß alles, was passiert ist. Er geht im Zimmer auf und ab, fast springend, so aufgeregt ist er. Er spricht sehr schnell mit Rosie.

– Angeblich hat Hitler Ernst Röhm in einem Hotel am See überrascht und ihn im Bett mit einem anderen Mann vorgefunden. Das ist natürlich eine Inszenierung.

– Ich dachte, er sei Nazi und stünde Hitler sehr nah … Ich verstehe gar nichts mehr, sagt Rosie.

– Röhm wollte noch viel weiter gehen als Hitler. Er war ein brutaler Kerl. Aber die Art und Weise, in der die Nazis ihn umgebracht haben, war es nicht weniger. Im Kampf um die Macht töten sie sich gegenseitig. Ernst Röhm wurde erschossen so wie alle seine Kameraden. Er hatte die Wahl zwischen Suizid und Exekution. Den Mut, sich selbst zu töten, brachte er aber nicht auf.

– Ich weiß nicht, was ich machen würde, wenn ich mich entscheiden müsste. Wir kommen jeden Tag an Röhms Haus vorbei, wenn wir in den Park gehen. Es wirkt wie ausgestorben; der Garten ist seit dem Sturm übersät von Ästen und Blättern. Man könnte meinen, es sei ein Geisterhaus. Hinter den Fenstern kann man große Räume erahnen, die jeden Tag ein bisschen unbewohnter wirken. Es gibt kein Leben mehr da drinnen.

*

An den Abenden darf ich nach dem Essen jetzt immer bei meinen Eltern im Wohnzimmer bleiben. Sie sprechen über den Tag, schlagen die Zeitung auf, reden über die Familie. Ich erzähle von der Schule und zeige ihnen meine Hefte. Sie haben die schöne Zeichnung unterschrieben, die mit dem großen Hakenkreuz, das ich so schön ausgemalt habe. Ich sage ihnen, dass Ralph nicht mehr mit mir spricht. Am Anfang habe ich mich einsam gefühlt. Jetzt habe ich einen neuen Freund. Sein Onkel ist Dirigent an der Oper. Das möchte ich später auch werden.

Am Morgen begleiten Rosie und ich meinen Vater manchmal ins Büro, denn es liegt auf dem Schulweg. Wir kommen an Hitlers

Haus vorbei, laufen an der Oper entlang und verabschieden uns von Papa vor der Außentreppe des Gebäudes, in dem er arbeitet. Die anderen Leute begrüßen ihn mit: »Guten Tag, Herr Direktor.« Er drückt jedem die Hand und lüpft seinen Hut. Es macht Spaß, ihm zuzusehen, ich muss an einen Automaten denken, der immer dieselbe Bewegung vollführt.

Dann kommen wir an einer riesigen Baustelle vorbei, genau gegenüber von meinem Zahnarzt. Hitler lässt hier ein großes Museum für die deutsche Kunst bauen. In den Zeitungen war ein Foto, auf dem er zusammen mit dem Architekten vor den ersten Steinen des künftigen Gebäudes posierte.

Papa ist immer öfter zu Hause, wenn ich von der Schule komme. Seine Schriftstellerfreunde kommen ihn besuchen, und seit kurzem bin ich es, der sie hereinlässt. Papa hat mir beigebracht, wie man sie als echter englischer Gentleman empfangen muss. Ich öffne ihnen die Tür und biete an, ihnen Hut und Schirm abzunehmen. Rosie kümmert sich um ihre Mäntel. Dann lassen sich die Gäste auf dem Sofa nieder und rauchen Zigaretten. Werner Sombart trägt das gleiche Spitzbärtchen wie Lenin, von dem Funk ein paar Fotos zu Hause hat, Martin Buber sieht aus wie ein Prophet, und Robert Michels trägt an einer Hand einen schwarzen Handschuh. Wenn sie vorbeikommen, achtet Papa darauf, dass sie sich nicht über den Weg laufen, denn sie sind verschiedener Meinung. Werner Sombart sagt, dass die Nazis gut für Deutschland sind, Martin Buber aber darf nicht mehr arbeiten und überlegt, ob er nach Palästina auswandern soll. In der Zwischenzeit übersetzt er die Bibel neu – ein übermenschliches Vorhaben, wie meine Mama sagt. Ich finde, mit seinem langen weißen Bart sieht er aus wie Gott. Was Carl Schmitt betrifft, einen von Papas Lieblingsschriftstellern, er hat lange schon nicht mehr an der Tür geklingelt. Früher bot ich ihm Kekse an zum heißen Tee, und er wollte immer einen Schuss Milch dazu wie die Engländer. Mama fragte, ob sich Schmitt für seinen alten Freund und Verleger schäme, weil er Jude sei. Papa hat nicht geantwortet.

*

Dieses Jahr haben wir, vollbeladen mit Koffern, den Zug genommen, um in die Ferien an den Starnberger See zu fahren. Im Waggon saßen wir eng aneinandergedrängt auf Polsterbänken. Wir teilten uns das Abteil mit einer anderen Familie. Sie waren alle blond. Wir waren alle dunkelhaarig. Sie sagten nichts. Und wir auch nicht. Sie hatten einen Bub, der so alt war wie ich. Er spielte mit einem Säckchen voller Murmeln auf seinen Knien. Man konnte sie nicht sehen, man konnte nur hören, wie sie aneinanderstießen. Ich habe mein eigenes Murmelsäckchen aus der Tasche geholt, und dann haben wir endlich miteinander gesprochen. Wir haben das marmorierte Glas und die großen Murmeln verglichen. Er hatte welche, die ich noch nie gesehen habe, und ich besaß welche, die er nicht kannte. Wir tauschten. Dann teilten wir uns den Nachtisch. Ich hatte einen Apfel, er eine Apfelsine. Unsere Mütter haben uns dabei geholfen, sie zu vierteln.

Der Vater des Jungen sagte nichts. Papa reichte ihm seine Zeitung, als er sie ausgelesen hatte, der Mann bot ihm seinerseits eine Zigarette an. Mein Vater lehnte ab, denn er raucht nicht, schlug ihm aber vor, mit nach draußen zu kommen, um Frauen und Kinder nicht zu belästigen. Karl, der Junge, und ich beschlossen, ihnen nachzuspionieren. Wir haben uns im Gang versteckt. Sie lehnten sich aus dem Fenster, die Ellenbogen zeigten nach außen, der Wind strich ihre Haare nach hinten. Plötzlich kam ein Zug an uns vorbeigeschossen, und mit einer abrupten Bewegung wichen sie zurück, ein schrilles Pfeifgeräusch war zu hören. Sie waren zerzaust, Papa hatte Asche auf der Schulter. Karl und ich, wir schauten uns an und mussten wie verrückt lachen.

Als wir angekommen waren, halfen sie uns beim Raustragen unserer Koffer. Alle lachten, aber es war nicht die Endstation, und wir mussten uns beeilen, denn der Zug fuhr gleich weiter. Der Bahnhofsvorsteher pfiff, die Lokomotive antwortete kreischend, dann setzte sie sich in Bewegung und zog die Waggons mit unseren Freunden, die am Fenster winkten, hinter sich her.

– Du siehst, meine Liebe, wir werden wohl darauf angewiesen sein, gut miteinander auszukommen, sagte Papa zu Mama.

– Aber wer sagt dir, dass sie keine Juden sind? Fragte Mama.

– Er hat es mir gesagt. Er ist Mitglied der NSDAP. Er hat mir gesagt, Hitler wird da überall Ordnung reinbringen: Letzten Endes habe er nichts gegen die Juden, und jetzt, da er Röhm losgeworden sei, werde er sich diese Ganoven bei der SA vorknöpfen und sie zurechtweisen.

Am Bahnhof ging mein Vater sich erkundigen. Er kam zu uns zurück und sagte, ein Bauer werde uns auf seinem Karren bis nach Pöcking mitnehmen. Wir stiegen in eine Art Droschke, der Bauer, ein alter Mann mit einem Gesicht, das so dunkel und glänzend war wie gegerbtes Leder, knallte mit der Peitsche, und bald erreichten wir das Haus, das meine Eltern gemietet hatten.

Ich freue mich jedes Jahr darauf, wieder an die Seen zu kommen. Jeden Tag gehen wir baden. Ich brauche etwas Zeit, bevor ich mich in das kalte Wasser wage. Dann lasse ich mich langsam vom Ufer bis zu den Segelbooten treiben, die einige Meter entfernt vor Anker liegen. Meine Eltern begleiten mich dann jedes Mal. Mama setzt vorsichtig einen Fuß ins Wasser und marschiert geradeaus weiter, ohne stehenzubleiben. Papa ist langsamer. Er bleibt lange aufrecht im Wasser stehen. Mehrmals benetzt er sich den Nacken. Er läuft los, weicht zurück, so als zögerte er, und dann, wenn er kurz davor ist, ins Wasser einzutauchen, geht er wieder ein Stück zurück. Und plötzlich, ohne dass man ihn hat verschwinden sehen, ist er schon unter Wasser.

Ich schwimme zwischen meinem Vater und meiner Mutter. Man hört das Zirpen der Grillen, das Rauschen der Wellen. Wir sind weit weg vom Ufer. Der Strand ist zu sehen, die Häuser, die Schiffsbrücken, wo die Kinder, die so alt sind wie ich, ihre Angelhaken vorbereiten, die Terrasse des Restaurants, in das wir manchmal gehen, und, hinter den Bäumen, die Alpen mit ihren schneebedeckten Gipfeln.

Als wir eines Tages zu Fuß nach Hause gingen, machten wir halt im kleinen Lebensmittelladen. Das Geschäft ist so dunkel, dass man einige Zeit braucht, bevor man etwas erkennen kann. Auf der Theke waren Käse, Butter, Brot und Würste ausgebreitet, auch Konservendosen und Gläser voller Bonbons standen dort. Zwei Kinder suchten mit ihrer Gouvernante ein paar Süßigkeiten aus. Sie bezahlten und gingen hinaus. Ich hatte ein paar Groschen in meiner Tasche und bat die Frau in Schwarz um eine Mischung aus verschiedenen Süßigkeiten. Sie hatte den Kopf einer Mumie, das Gesicht war ganz zerknittert. Ihre Stimme war heiser und zittrig, sie sprach in dem hier üblichen Dialekt. Sie muss hundert Jahre alt gewesen sein. Offenbar hat sie Ludwig II. von Bayern gekannt, den verrückten König, und den Komponisten Richard Wagner. Es heißt, sie erinnere sich auch an Napoleons Tod. In einer kleinen Tüte reichte sie mir eine Auswahl an Lutschern und Kölnischen Brustbonbons sowie ein paar Lakritzstangen. Als ich hinausging, blendete mich die Sonne. Dann sah ich die Kinder, die auf der steinigen Straße entlangliefen. Der Ehemann der alten Dame mit dem Laden stand aufrecht neben der Tür, er sprach mit meinem Vater.

– Die armen Kleinen, sagte er, Hitler hat ihren Vater zeitgleich mit Röhm töten lassen. Er hieß Edgar Julius Jung, er kam immer im Sommer hierher. Man hat ihm vorgeworfen, er hätte für Franz von Papen, einen Vorgänger Hitlers als Reichskanzler, die Antinazi-Rede geschrieben, die er letzten Monat gehalten hat. Von Papen wäre beinahe auch hingerichtet worden …

– Die armen Kleinen, sagte nun auch Papa.

Später meinte meine Mutter, es sei unvorsichtig, so mit Fremden zu sprechen.

Mama misstraut allen. Wenn wir unter Leuten sind, flüstert sie. Sie sagt mir, ich soll nicht mit Unbekannten sprechen. Ich habe den Eindruck, dass man uns ansieht, wenn wir die Straße entlanggehen. Wir reden auch über die anderen, hinter ihrem Rücken. Man spricht sich nicht an, alle lächeln, man weiß alles übereinander. Es ist ein bisschen wie in der Schule. Es gibt Banden von Bösen und Guten. Im Nachbarhaus wohnt ein Nazi-Dirigent. Ich habe gehört, wie Mama erzählte, er habe die Oper, die er leitet, mit riesigen Hakenkreuzen ausschmücken lassen. Morgens sehe ich, wie er in Badehose auf dem Steg vor seinem Garten herumläuft. Er lässt sich ins Wasser gleiten und schwimmt bis zur Mitte des Sees. Sein Kopf wird ganz klein, fast unsichtbar. Dann kommt er langsam zurück. Wenn er das Ufer wieder erreicht hat, trocknet er sich nicht gleich ab. Er macht ein paar Turnübungen und dann noch einen Kopfstand, mit gerade zum Himmel gestreckten Beinen.

Ich wäre gern Dirigent. Ich würde gern bis zur Mitte des Sees schwimmen können.

Gertrud von Le Fort besitzt eine große Villa am See. Fast jeden Tag lädt sie uns zum Tee zu sich ein. Sie schüchtert mich ein, weil sie sich wie eine Dame im Mittelalter kleidet, immer in Samt, ihr Gesicht ist über und über mit weißem Puder bedeckt, sodass ich immer denke, dass ich gleich loshusten muss, wenn ich sie umarme. Die Lippen sind rot geschminkt, die Augenlider grün, und ihre Stimme hört sich an wie das Knarren einer Tür. In einer silbernen Schüssel hält sie immer Bonbons für mich bereit. Mama sagt, sie sei ein Original, für Papa ist sie eine der feinsinnigsten Schriftstellerinnen Deutschlands, und die vielleicht interessanteste unter den Katholiken. Übrigens gehöre auch der Papst zu ihren Bewunderern. Als Rosie das hörte, dachte ich, sie würde in Ohnmacht fallen.

Gertrud von Le Fort bleibt meistens in ihrem Haus, beim Kamin, den sie mit dem Feuerhaken anschürt. Ich sehe, wie die Holzscheite rot aufglühen. Ich darf sie wieder auflodern lassen mit dem kleinen Blasebalg. Sie werden rot, dann orange, schließlich gelb, fast grün, und Flammen steigen auf wie kleine, miteinander balgende Teufelchen. Ich sehe ihre spitz aufragenden Köpfe, ihre Arme, die hochschnellen und dann wieder verschwinden. Mit ihren Hakenfingern krallen sie sich an den tanzenden Körpern der anderen Teufel in der Feuerglut fest. Gertrud von Le Fort liest mir manchmal etwas vor. Sie deklamiert langweilige Gedichte oder erzählt mir Geschichten aus ihrer Kindheit. Früher, mit ihren Eltern, brauchten sie zwei Tage, um bis zu den Seen zu gelangen. Auf Ochsenkarren sitzend, fuhren sie von München los. Andere Gefährte folgten, voll beladen mit Schrankkoffern, in denen Hunderte von Kleidern verstaut waren. Die Reisenden machten Pausen zwischendurch und aßen im Gras, dann fuhren sie weiter. Oft schlief sie ein auf einem Bett, das man ihr auf den Schrankkoffern hergerichtet hatte, geschützt hinter Samtvorhängen. Seit damals liebt sie es, sich in Samt zu kleiden. Ich habe ihr auch etwas vorgelesen – ganze Seiten aus meinem Lieblingsbuch, das ich gerade lese, *Robinson Crusoe.* Ich habe ihr von meinem Vorhaben erzählt, eines Tages mit meinem Freund Ralph auf Reisen zu gehen, auf einem Kamel durch Saudi-Arabien zu reiten. Und vielleicht ein neues Land zu gründen, wie Robinson Crusoe auf seiner Insel. Aber Ralph ist nicht mehr mein Freund. Ich weiß nicht, warum. Vielleicht, weil ich Jude bin und er Protestant. Gertrud von Le Fort ist auch keine Jüdin, und trotzdem hört sie mir zu. Sie ist Katholikin wie Rosie. Sie mag Jesus, der ein Jude war, und sie mag die Nazis nicht. Ich habe das an ihrem Gesicht gesehen, als beim Essen von Adolf Hitler die Rede war. Sie ist schroff dazwischengefahren:

– Bei Tisch wird nicht über Politik gesprochen!

Ich war nicht bei der Sache, als sie das sagte, sie merkte es und zwinkerte mir zu.

Ich träume, während ich ihr aus den Abenteuern von Robinson vorlese. Oft verheddern sich meine Gedanken, wenn ich laut lese, und dann weiß ich weder, was ich sage, noch was ich denke.

1935

Freilich daran, daß es sich hier nicht um Deutsche einer besonderen Konfession handelte, sondern um ein Volk für sich, konnte auch ich nicht mehr gut zweifeln; denn seit ich mich mit der Frage zu beschäftigen begonnen hatte, auf den Juden erst einmal aufmerksam wurde, erschien mir Wien in einem anderen Lichte als vorher. Wo immer ich ging, sah ich nun Juden, und je mehr ich sah, um so schärfer sonderten sie sich für das Auge von den anderen Menschen ab. Besonders die innere Stadt und die Bezirke nördlich des Donaukanals wimmelten von einem Volke, das schon äußerlich eine Ähnlichkeit mit dem deutschen nicht mehr besaß.

Adolf Hitler, *Mein Kampf*

DORLE IST ÜBER DIE FEIERTAGE BEI UNS. Es sind Weihnachtsferien, und draußen schneit es viel. Dorle schläft in meinem Zimmer auf einem kleinen Sofa, das man in ein Bett verwandeln kann. Sie versteckt sich die ganze Zeit vor mir. Wenn sie sich zurechtmacht oder Nachthemd und Morgenmantel anzieht, schließt sie sich im Badezimmer ein. Sie ist genauso groß wie Mama, sie hat einen Busen wie eine Frau, aber sie darf sich weder schminken noch hohe Absätze tragen. Sie möchte gern Tänzerin werden und erzählt mir oft von einem Film, den sie gesehen hat, *Der heilige Berg*, da tanzt immerzu eine Frau, am Ufer des Meeres, oben in den Bergen, im Sand oder inmitten eines Schneesturms. Sie zeigt mir, wie sie das macht, indem sie auf ihr Bett springt und dann wieder auf den Boden. Sie möchte Tänzerin sein und Fotografin und Bergsteigerin und erfolgreiche Skifahrerin, sie möchte die Felswände des Mont Blanc hinaufklettern, Seen durchschwimmen – wie die Schauspielerin in dem Film, Leni Riefenstahl, die, wie sie sagt, die schönste Frau auf der Welt sei, und vielleicht die Verlobte von Adolf Hitler.

An den freien Tagen bleiben wir vormittags lange zu Hause, dann gehen wir spazieren. Heute waren wir Schlittschuhlaufen. Jedes Jahr wird eine Eisbahn im Freien aufgestellt, nicht weit von uns, zwischen dem Haus unseres Nachbarn und Papas Büro. Einige Tage, bevor Dorle zu uns kam, hat mich Tante Bobbie mit hingenommen, um eine Vorstellung von Sonja Henie zu sehen, der Weltmeisterin im Eiskunstlauf. Sie ist so begabt, dass sie bereits mit elf Jahren das erste Mal an den Olympischen Spielen teilgenommen hat. Das war 1924. Damals belegte sie den letzten Platz; aber seither hat sie alles gewonnen. Man nennt sie die »Königin auf dem Eis«. Ich finde es schade, dass sie Norwegerin ist und keine Deutsche.

In dieser Woche waren wir mehrmals im Kino. Wir haben *Lockenköpfchen* mit Shirley Temple gesehen. Sie ist sieben Jahre alt, und es ist ihr neunundzwanzigster Film. In dem Film, den wir gesehen haben, tragen die Kinder Latzhosen und haben zerzauste Haare. Sie stecken die Hände in die Hosentaschen und wippen mit den Schultern hin und her. Ich machte es ihnen nach, als wir aus dem Kino kamen. Rosie nahm mich beim Arm, und Dorle machte sich über mich lustig.

Ich interessiere mich sehr für die Neuheiten im Kino. Letzten Sommer habe ich mir alle Feierlichkeiten angeschaut, die Hitler zum Tod von Generalfeldmarschall Hindenburg ausrichten ließ. Feuer wurden entzündet, bewaffnete Männer marschierten mit Helm und Fackeln und eskortierten einen Sarg, eine dunkle Rauchwolke umgab die Szene. Tausende von Soldaten hatten sich in einer Festung versammelt, in deren Mitte die uniformierten Sargträger den Sarg niederließen, der dann abrupt unter der Erde verschwand. Im selben Augenblick überflog ein Flugzeuggeschwader die Szene. Ein riesiges Banner mit dem Kreuz der Reichswehr schmückte eine der Festungsmauern. Inmitten von Generälen, schwarz gekleideten verschleierten Frauen, hielt Hitler, in seiner Uniform mit dem über Kreuz geschnallten Koppel, eine Trauerrede. Es hieß, Hitler sei nun Führer und Reichskanzler in einer Person und niemand anderes werde den Platz des Generalfeldmarschalls einnehmen. Mein Vater hüstelte und flüsterte dann meiner Mutter etwas ins Ohr. Ich hoffe, niemand hat das bemerkt!

*

Die Ferien sind zu Ende. Dorle ist wieder nach Berlin gefahren. Morgen fängt die Schule wieder an. In meinem Bett liegend, denke ich an diese schöne Woche zurück, an die Filme, die wir uns angeschaut haben, an die amerikanischen und die deutschen Kinder, die auf der Leinwand zu sehen waren. Ich mag die deutschen lieber, auch wenn ich keinen Dolch besitzen möchte und kein braunes Hemd mit Krawatte und auch kein Abzeichen. Noch weniger möchte ich zu den *Pimpfen* gehören oder zum *Deutschen Jungvolk,* in das man eintreten kann, sobald man zehn Jahre alt ist – so wie ich jetzt. Ralph besitzt die komplette Uniform: Nach der Schule trainiert er zusammen mit anderen Jungen. Am Samstag gehen sie auf dem Land wandern, sie wollen sogar eine Nacht im Zelt schlafen. Manchmal frage ich mich, ob ich meine Familie verlassen und nicht mehr Jude sein könnte, sondern einfach nur ein Deutscher wie die anderen auch. Ich würde gern selbst entscheiden, wer ich bin, und wieder mit Ralph zusammen sein. Vielleicht sind wir morgen wieder Freunde.

Die Tage in der Schule sind lang. Wenn wir morgens ankommen, ist es noch dunkel. Wir gehen durch die Tür und schon sind wir in einer anderen Welt. Wir warten im Hof, und sobald die Glocke ertönt, stellen wir uns in einer Reihe auf. Es ist so kalt, dass Rauch aus unseren Nasenlöchern strömt. Wir dürfen die Hände nicht in die Taschen stecken. Ich habe Wollhandschuhe an, meine Fingerspitzen sind wie gefroren, die Füße eiskalt. Meine Schuhe sind nass vom Schnee. Es ist gut, dass Rosie sie jeden Abend einfettet, auch wenn die Feuchtigkeit trotzdem durch das Leder dringt.

Wir gehen in die Eingangshalle und steigen die große steinerne Treppe hinauf. Wir dürfen nicht reden. Man hört nur unterdrücktes Lachen und das Klacken der Absätze auf den Stufen. Auf dem Boden bilden sich schmutzige Pfützen. Im ersten Stock gehen wir nach links in Richtung der Klassenräume. Jeden Tag streichele ich das geschnitzte Kaninchen am Holzgeländer. Mein Klassenraum ist der erste im Flur. Mein Schreibpult steht seitlich am Fenster. Der Unterricht beginnt. Oft möchte ich lieber schlafen, aber das geht nicht: Wenn der Lehrer ein Kind beim Träumen erwischt, schleudert er ihm vom Pult aus mit voller Wucht ein Stück Kreide entgegen. Einmal traf sie einen Klassenkamerad mitten auf die Wange, er musste die Tränen unterdrücken, seine Lippen zitterten.

Wir lernen Latein. Zum Glück übt Mama abends mit mir. Das Lernen macht mir Spaß. Wenn ich groß bin, werde ich alle Sprachen sprechen, ob tote oder lebendige, ich werde auf Konferenzen sprechen, man wird mir applaudieren, und wenn man nach meinem Werdegang fragt, werde ich von meinen Schultagen in dieser Klasse erzählen. Ich muss mich an alles erinnern können.

Der Lehrer hat uns heute erklärt, dass das Saargebiet nun endlich wieder an Deutschland angegliedert ist. Dieses Gebiet, das früher einmal zu Deutschland gehört hat, stand seit 1918 unter französischer Verwaltung. Mehr als 90 Prozent der Saarländer wollten wieder Deutsche sein, endlich also ging ihr Wunsch in Erfüllung. Damit ist Frankreich jetzt ein Stück kleiner und Deutschland ein Stück größer. Das sind immerhin fast eine Million Deutsche mehr. Ich bin stolz auf mein Land.

– Unser Führer hat ein Land erobert, ohne dass ein Schuss fiel, hat der Lehrer gesagt.

Dann hat er noch gesagt, wir sollten den Hitlergruß machen. Wir sind alle aufgestanden und haben »Heil Hitler!« gerufen.

In der Woche darauf teilte uns der Lehrer mit, dass Deutschland bald wieder eine große Armee haben werde wie die anderen mächtigen Nationen auch, weil der Führer das so entschieden habe. Er wird die allgemeine Wehrpflicht wieder einführen. So werden wir sechshunderttausend Soldaten haben. Ich sah zu den anderen. Alle lächelten irgendwie. Wir machten nochmals den Hitlergruß, dann klingelte es. Wir räumten unsere Sachen ein, rückten die Stühle unter die Tische und gingen geräuschlos hinaus, wie es unsere Pflicht ist. Im Hof schrien alle vor Freude, nur ich nicht.

Ralph und seine neuen Freunde ignorieren mich. Sie sind nur eine kleine Gruppe dummer Jungen. Die anderen spielen nach wie vor mit mir. Ich weiß, dass es in der Schule noch andere jüdische Kinder gibt. Nichts unterscheidet sie von den anderen. Einer von ihnen hat beim Gehen oft die Hände auf dem Rücken und sieht dabei zu Boden wie Napoleon; ein anderer steht immer auf dem überdachten Pausenhof und ist in ein Buch vertieft, ab und an spielt er auch allein mit Stöckchen oder Murmeln. Manchmal finde ich mein Leben traurig. Zum Glück wohne ich in einem herrlichen Haus. Ich liebe meine Eltern und ich liebe Rosie. Und dann auch noch Tante Bobbie. Und Funk auch, selbst wenn er ständig etwas an Deutschland auszusetzen hat. Ich weiß nicht, was mein Lehrer in der Schule davon halten würde ... Aber unser Hausmeister verwöhnt mich, er gibt mir Bonbons, Comics, Buntstifte oder Gummibänder, er bastelt Papierflugzeuge und bringt Rosie zum Lachen. Wir besuchen ihn immer, wenn Mama noch nicht zu Hause ist. Manchmal fragt sie mich nach unseren Geheimnissen, aber ich behalte alles für mich.

Niemand sagt etwas. Als ich nach Hause kam, war Papa da, er saß an seinem Schreibtisch und las wieder und wieder in den Zeitungen. Als ich hereinkam, lächelte er, dann las er weiter. Mama trat herein, und da merkte ich, dass sie sich Sorgen machte, weil Hitler die Wehrpflicht wieder einführen wollte. Laut las sie einen Artikel zu diesem Thema vor, Mama sah mich an, und mir kam es so vor, als würde sie jeden Moment anfangen zu weinen. Papa beruhigte sie und sagte, ich sei ja noch zu jung, um eingezogen zu werden, und Frankreich werde es bestimmt nicht zulassen, dass sich Hitler eine Armee zulegte.

– Niemand will noch einen Weltkrieg, sagte Papa.

Jetzt ist es dunkel. Ich habe gebadet und gegessen. Ich sitze mit meinen Eltern im Wohnzimmer. Kein Geräusch ist zu hören. Ich fühle mich allein. Rosie kommt, um mich ins Bett zu bringen, und Mama verspricht, dass sie noch zu mir kommt, um mir einen Gutenachtkuss zu geben.

Im Bett lese ich ein Buch mit Erzählungen von Gottfried Keller zu Ende, *Die Leute von Seldwyla.* Ich bin bei »Kleider machen Leute«. In dieser Geschichte geht es um einen Schneider, der einem Aristokraten in einem fernen Ort einen Anzug übergeben will. Auf dem Weg hält man den bescheidenen Händler für den Adligen. Aber anstatt seine wahre Identität preiszugeben, zieht er den Anzug seines Kunden an und stürzt sich in ein Abenteuer nach dem anderen, um schließlich ganz in dem Mann aufzugehen, dem er zu Diensten sein sollte – sein angesehener Kunde. Kann ich aufhören, Jude zu sein?

Mama ist noch immer nicht da. Die Bettwäsche ist noch kühl. Ich schlafe ein. Ich spüre ihre Hand auf meiner Wange. Sie deckt mich zu und küsst mich. Ich glaube, ich träume schon. Ich träume, dass ich fliegen kann am Himmel und unbesiegbar bin.

Als ich am folgenden Nachmittag aus der Schule kam, waren alle da und saßen im Wohnzimmer. Papa, Mama, Tante Bobbie, der Herzog und Funk. Ich ging hinein und setzte mich zu ihnen. Ein Techniker hockte am Boden. Er bediente einen großen Apparat aus Mahagoni, auf dem in goldenen Buchstaben »Blaupunkt« stand.

– Das ist ein Radio, sagte Papa.

Er sah mich lächelnd an, und ich hatte das Gefühl, er wartete darauf, dass ich sein Lächeln erwiderte. Er war stolz. Der Techniker hob die Schutzabdeckung des Radios an. Drähte und zwei große Lampen kamen zum Vorschein. Er schloss sie wieder und steckte das Kabel in eine Steckdose. Sofort war ein Rauschen zu hören, und dann eine Stimme: die von Adolf Hitler.

– Könnten Sie bitte einen anderen Sender ausprobieren, fragte Papa umgehend.

Der Herr drehte sich langsam um, er blickte meinem Vater lange in die Augen und musterte ihn von Kopf bis Fuß, mit halbgeschlossenen Lidern. Dann wandte er sich dem Radio zu und drehte an einem Plastikknopf. Auf dem Anzeigefeld bewegte sich ein winziger Zeiger. Seltsame Geräusche waren zu hören. Er betätigte einen weiteren, perlmuttfarbenen Knopf. Das Rauschen hörte auf. Sofort erkannte ich die Musik wieder. Es war ein Stück von Schubert, das Mama auf dem Klavier spielt, *Ungarische Melodie.*

Seit das Radio im Wohnzimmer steht, ist alles anders. Mama spielt nicht mehr so oft Klavier, Papa hört die Nachrichten, er stellt Radio Luxemburg ein, einen ausländischen Sender, in dessen Programmen auf Deutsch über unser Land gesprochen wird. Sie sagen, die Nationalsozialisten hätten alle festgenommen, die nicht ihre Ideen vertreten, und die Zeitungen verboten, die sie kritisierten. Die ausländischen Zeitungen, aus denen mir mein Vater im Café Stefanie vorgelesen hat, als ich klein war, kann man nicht mehr kaufen. Jetzt hören wir die ganze Zeit Radio Luxemburg.

So verfolge ich die Meisterleistungen meiner Lieblingssportler. Die Deutschen sind wirklich die Besten in allem. Rudolf Caracciola hat einen italienischen Namen. Trotzdem ist er Deutscher und gewinnt alle Autorennen in seinem Mercedes-Benz W25B. Rudolf Caracciola ist großartig. Sein rechtes Bein ist seit einem Unfall in Monaco fünf Zentimeter kürzer als das andere, er geht am Stock. Seine Frau wurde letzten Winter von einer Lawine mitgerissen. Er nahm wieder an Rennen teil und fährt jetzt, dank Mercedes, noch schneller als sein italienischer Rivale Luigi Fagioli. Hitler persönlich hat ihm dieses neue Auto besorgt. Zum Glück, denn in den letzten Jahren musste Caracciola in italienischen Autos fahren, die einfach nicht so gut waren! Bei Radio Luxemburg wurde gesagt, er habe in Libyen, mitten in der Wüste, auf dem Salzsee von Mellaha, den Großen Preis von Tripolis gewonnen. Ich wäre gern mit unter den Beduinen gewesen! Ich stelle mir den Wüstensand in Caracciolas Gesicht vor, den Rennwagen, der mit Vollgas losfährt, das Motorengeräusch, die Rauchwolke am Horizont, die Fähnchen, die von den Zuschauern geschwenkt werden. Letztes Jahr erreichte er in einem stromlinienförmig gebauten Wagen eine Geschwindigkeit von 311,9 Kilometern pro Stunde. Nach München kam der Champion persönlich, um Hitler seinen Mercedes-Benz 770 zu übergeben, dieses schöne schwarze Auto, das ich wieder und wieder beobachte, unten vor unserem Haus. Unser Führer hat angekündigt, Autobahnen in ganz Deutschland zu bauen, auf denen man schneller fahren kann als auf den italienischen *autostrade*. Hoffentlich wird es bald so weit sein!

Die Deutschen sind die stärksten in allen Disziplinen. Nächstes Jahr werden in Berlin die Olympischen Spiele ausgetragen, und unsere Sportler werden die meisten Medaillen gewinnen – das schaffen sie mit links. Da bin ich sicher.

Die näselnde Stimme von Radio Luxemburg hat angekündigt, Frankreich werde sich Hitlers Wiederbewaffnung nicht entgegenstellen. Diese Woche hat er den neuen Prototyp für ein Kriegsschiff eingeweiht, dessen kleiner Schiffsraum es ermöglichen wird, die vom Versailler Vertrag vorgeschriebene Maximalgröße nicht zu überschreiten. Seine Schlagkraft allerdings wird die unserer alten Kriegsschiffe um Längen übertreffen. Die Armee der früheren Republik, die Reichswehr, wird zur Wehrmacht, und auch Luftwaffe und Kriegsmarine wird Deutschland ausbauen. Frankreich scheint auch dagegen nichts einzuwenden, und England hat einen Vertrag unterzeichnet, der den Aufbau einer deutschen Kriegsmarine erlaubt. Mein Vater kneift die Lippen zusammen, meine Mutter sagt, er soll das Radio ausschalten.

*

Diesen Sommer sind wir nicht in die Ferien gefahren, weil mein Vater auf Reisen war. Er ist nach Palästina gefahren, um seine Schwestern zu besuchen. Meine Eltern überlegen, ob wir dort hinziehen sollen. Er ist losgefahren, um sich ein Bild von der Region zu machen, und ich bereite mich auf unsere Abreise vor: Abends in meinem Zimmer studiere ich die Landkarte und lese die Beschreibungen der Städte im Lexikon. Tagsüber bringt mich Rosie in das städtische Bad. Ich schwimme inzwischen so gut, dass ich mich entschlossen habe, für die Olympischen Spiele zu trainieren. Ich weiß nicht, welche es sein werden, noch welche Sportart ich wählen soll, aber bis dahin trainiere ich ohne Unterlass: Morgens mache ich fünfzig Liegestütze, renne im Park, kraule. Bald werde ich soweit sein, man wird mich im Stadion bejubeln! Ich lese viel. Die Geschichten von Adalbert Stifter mag ich sehr. Er schreibt romantische Märchen wie Gottfried Keller. Meine Lieblingsgeschichten sind in dem Band *Bunte Steine*, dort beschreibt er das Leben auf dem Land. Besonders gefiel mir »Bergkristall«. In dieser Geschichte verirren sich zwei Kinder am Weihnachtsabend im Schnee. Das Dorf macht sich auf, um sie zu suchen. Die Dorfbewohner finden sie gerade noch rechtzeitig, sonst wären sie gestorben. Ich fand es schön, mich ein bisschen zu fürchten, ich stellte mir vor, allein durch Deutschland zu streifen, nur mit einem kleinen Hund als Begleiter und einem Bündel Sachen, wie ich durch Städte und Dörfer ziehe, die Wälder durchstreife, Berge besteige, Hütten errichte, ein Kanu baue wie die Indianer und über die Flüsse quer durch Europa paddele und bis zu den Hauptstädten gelange: Paris, London …

Papa ist von seiner Reise nach Palästina zurück, ich habe ihn kaum wiedererkannt, so braun war er. Er war beladen mit Geschenken von seinen Schwestern Henny und Medi. Er hat uns alles erzählt. Henny lebt in der Nähe von Jerusalem, in einem großen Haus in Talpiot. Sie und ihr Mann, Jacob Reich, haben sich getrennt, aber sie verstehen sich so gut, dass sie Freunde geblieben sind und einander nicht im Stich lassen. Medi, die jüngste Schwester meines Vaters, lebt in dem kleinen Ort Rehovot, südlich von Tel Aviv. Ihr Mann, Hans Oppenheim, ist Arzt. Sie kümmern sich um die armen Leute. Papa sagt, sie seien »sanfte Idealisten«, »sozialistische Zionisten«. Sie träumen davon, dort unten einen perfekten Staat für die Juden aufzubauen.

– Wie Deutschland für die Deutschen? Habe ich gefragt.

Meine Mutter nahm mich in den Arm, ohne zu antworten. Dann zeigte uns mein Vater auf einer Landkarte die Orte, an denen er gewesen ist: Italien, Rom, Florenz, Neapel, er erzählte von der Überfahrt nach Palästina, der Ankunft in Haifa und dann von Jericho, Jerusalem ... Die Reise hat ihm gefallen, seine Schwestern sind dort glücklich, sagte er uns. Trotzdem steht seine Entscheidung fest: Wir gehen nicht hin. Die Lebensbedingungen sind zu schwierig, und er fürchtet, ich würde keine gute Ausbildung erhalten. Außerdem weiß er nicht, wovon wir dort leben sollen. Meine Mutter lächelte. Dann ließ sie meinem Vater ein Bad ein. Er sagte, nichts sei schöner als nach Hause zu kommen. Er schaltete das Radio ein, Mama wurde nervös.

– Keine Nachrichten, beruhige dich, mein Schatz, flüsterte Papa.

Und wir hörten Musik. Es war eine fröhliche Melodie, mit Trompeten.

– Aber das ist ja Jazz! Mama freute sich.

Und Papa küsste sie auf den Mund.

Ich glaube, es war am darauffolgenden Tag, als wir die schreckliche Neuigkeit im Radio hörten. Am Abend, kurz vor dem Essen.

Jedes Jahr findet in Nürnberg der Reichsparteitag statt. Wir haben vor kurzem einen Film darüber gesehen, den Dorles Idol, Leni Riefenstahl, gedreht hat. Dorle himmelt sie an, weil sie schön ist und alles kann.

– Sie ist eine moderne Frau, hat mir Dorle gesagt.

Dieser Film hieß *Triumph des Willens*. Die Handlung spielt in Deutschland, man könnte meinen direkt vor unserer Haustür. Immerzu war unser Nachbar Adolf Hitler zu sehen und Scharen von Nazis. Der Film beginnt mit einem Flug über Nürnberg. Heerscharen von SA-Männern sind von oben zu sehen, klein wie Ameisen, sie gehen zwischen den Häusern entlang in Richtung Innenstadt. Dann landet Hitler. Von allen Seiten wird er stürmisch bejubelt. Kinder, die so alt sind wie ich, begrüßen ihn, wie wir es jeden Morgen in der Schule machen: indem sie den Arm in seine Richtung strecken, mit der Handfläche nach unten und eng aneinanderliegenden Fingern wie vor dem Eintauchen ins Wasser. Hitler erwidert den Jubel, indem er kaum merklich den Arm hebt. Vielleicht war er schon müde, weil er ihn ja den ganzen Tag heben musste. Es war ein Tonfilm, man konnte das *Horst-Wessel-Lied* hören, das wir in der Schule singen und in dem es um den Krieg geht, den wir eines Tag führen werden, und um die Schönheit des Hakenkreuzes und der Hakenkreuzfahne. Der Komponist war ein junger Mann und Mitglied der Nazi-Partei, den die Kommunisten 1930 umgebracht haben.

Im Moment haben sich die Nationalsozialisten wieder in Nürnberg, ganz in unserer Nähe, versammelt und machen ihre Aufmärsche. Und dieses Jahr, so erfahren Papa, Mama und ich aus dem Radio, hat Hitler auf dem Reichsparteitag verkündet, die Juden würden fortan nicht mehr dieselben Rechte haben wie alle anderen.

Ich habe mich gefragt, ob das auch für mich gelten wird.

1936

Eine große Bewegung unter ihnen, die in Wien nicht wenig umfangreich war, trat auf das schärfste für die Bestätigung des völkischen Charakters der Judenschaft ein: der Zionismus.
Wohl hatte es den Anschein, als ob nur ein Teil der Juden diese Stellungnahme billigen würde, die große Mehrheit aber eine solche Festlegung verurteilte, ja innerlich ablehnte. Bei näherem Hinsehen zerflatterte aber dieser Anschein in einen üblen Dunst von aus reinen Zweckmäßigkeitsgründen vorgebrachten Ausreden, um nicht zu sagen Lügen.

Adolf Hitler, *Mein Kampf,* über den Zionismus

ROSIE WARTET NICHT AM AUSGANG DER SCHULE. Meine Mutter ist gekommen. Sie steht auf der rechten Seite, abseits von den Kindermädchen. Sie hat ihren Pelzmantel an, in dem ich so gern mein Gesicht vergrabe und meine Hände verschwinden lasse, so weich ist er. Ralph ist da. Sein Chauffeur erwartet ihn vor dem Rolls-Royce. Er steigt noch nicht gleich ein, sondern schwatzt noch mit Thomas und Hans. Sie tragen Nazi-Abzeichen am Revers ihrer Jacken, sehen zu mir hin, mustern meine Mutter, flüstern. Was sagen sie? Dass sie Jüdin ist? Dass sie jüdisch aussieht? Dass ihre Nase krumm ist? Das stimmt nicht, sie ist schöner als die anderen Frauen, eleganter. Trotzdem bin ich verlegen, und mir wäre es lieber, sie wäre nicht da.

Reichswirtschaftsminister Hjalmar Schacht, der 1928 zusammen mit meinen Eltern bei einem Kongress in Zürich fotografiert wurde, vertrat die Ansicht, dass man die Juden nicht vollkommen aus dem Wirtschaftsleben verbannen könne. Andere haben vorgeschlagen, genaue Definitionen zu formulieren, um Arier ein für alle Mal von Nichtariern unterscheiden zu können. Im Moment hängt alles von der Religion der Großeltern ab. Wenn mindestens drei Großelternteile der jüdischen Gemeinschaft angehörten, gilt man als Volljude. Waren es nur ein oder zwei, ist man »jüdischer Mischling« oder »Halbjude«. Um festzustellen, was man ist, braucht man also die Taufscheine der eigenen Großeltern.

Ralph machte sich mit seiner Bande über einen Kameraden lustig, Heinrich, dessen Eltern die Bescheinigungen ihrer Eltern verlegt hatten. Sie haben ihn wie einen Juden behandelt. Am nächsten Tag haben die Eltern die gesuchten Papiere gefunden, und dann hat er sie ignoriert, bis sie sich entschuldigten. Jetzt sind sie unzertrennlich, in der Pause vergleichen sie die ganze Zeit ihre Hakenkreuzabzeichen.

Bei mir ist es einfach. Alle meine Großeltern sind Juden – und damit ist jeder in meiner Familie Jude. Das ist eindeutig. Die erste Frau meines Vaters war allerdings Katholikin, Dorles Mutter! Ist meine Schwester dann Jüdin wie ich Jude? Ich habe mir die große Übersicht auf Papas Schreibtisch angesehen, die vor Weihnachten in der Zeitung war. Es ist eine Art Stammbaum, und man findet sich nur schwer zurecht mit all den komplizierten Regeln. Bei Dorle sind nur zwei Großeltern Juden, »Volljuden«, sie könnte damit als jüdischer »Mischling« durchgehen. Allerdings hatte sie vor den Nürnberger Gesetzen nichts mit der jüdischen Religion zu tun. Sie ist also keine Jüdin. Wenn sie diese Religion jetzt praktizieren würde, würde man sie sofort als *Mischling* einstufen. Ich habe mit Papa darüber gesprochen, der mir sagte, ich hätte das kleine »d« in dem Artikel vergessen, das auf den ersten Absatz von Paragraph 5 verweist: »Jude ist, der aus dem außerehelichen Verkehr mit einem Juden im Sinne des Abs. 1 stammt«, das heißt, »wer von mindestens drei der Rassen nach volljüdischen Großeltern abstammt«. Das trifft auf meinen Vater zu.

– Aber sie stammt doch nicht aus einer außerehelichen Beziehung, habe ich gesagt.

– Doch, weil wir geschieden sind, antwortete mein Vater. Ich bin mit ihrer Mutter heute nicht mehr verheiratet!

Dann ist meine Schwester also Jude so wie ich!

Diesmal hatte mein Vater etwas falsch verstanden. Am Ende des Artikels gab es eine weitere Klausel. Um Jüdin zu sein, hätte Dorle nach dem 31. Juli 1936 geboren sein müssen, sie dürfte also noch nicht geboren sein, denn wir haben erst Januar 1936. Dorle ist also keine Jüdin. Sie ist ein *Mischling*, eine »Halbjüdin«. Und ich bin »Volljude«.

Ich wäre gern zu einer anderen Zeit geboren worden, zur Zeit meines Vaters. Ich werde niemals eine Katholikin heiraten dürfen, im Gegensatz zu meinem Vater, der Dorles Mutter geheiratet hat. Wenn man uns überraschen würde, wie wir Hand in Hand auf der Straße gehen, würde man uns wegen »Rassenschande« zum Tode verurteilen. Ich muss an Arabella denken, mit der wir im Sommer Picknicks am See gemacht haben, als sie und ich klein waren. Wir waren Kinder, und ich bin sicher, dass ich sie geliebt habe. Ich denke oft an sie, an ihre blonden Haare, ihre hübsche Nase und die grünen Augen. Ich frage mich, wo sie ist, was sie jetzt macht. Ich würde sie gern wiedersehen. Ihre Mutter kommt manchmal zu uns ins Haus, um Tante Bobbie zu besuchen. Und Dorle? Sie kann auch nicht mehr lieben, wen sie will. Wenn ein Nichtjude sie heiraten möchte – und sie dem zustimmt, bräuchten sie eine offizielle Erlaubnis, und die Heirat würde ihren Mann dann auf der Stelle zu einem *Mischling* machen ebenso wie ihre zukünftigen Kinder. Wer würde solche Komplikationen auf sich nehmen wollen, wo Juden doch schon seit drei Jahren weder Ärzte sein dürfen noch Beamte, Chefredakteure, Musiker oder Anwälte? Die hübsche junge Frau, die ich bei meinem Zahnarzt gesehen habe, zu dem auch Hitler geht, die mit den blonden Haaren und dem Schönheitsfleck dicht an ihrem großen roten Mund, ist nicht mehr da. Wahrscheinlich war sie Jüdin. Ich für meinen Teil frage mich, welchen Beruf ich ausüben und wen ich heiraten werde.

*

Meine Mutter wartet auf mich vor der Schule. Rosie ist nicht bei ihr. Ralph und die anderen sehen zu ihr hin.

– Warum ist Rosie nicht da, Mama?

– Komm, mein Schatz, ich erkläre es dir.

– Nein, Mama, sag mir, warum Rosie nicht da ist! Warum ist Rosie nicht gekommen?

Mama antwortet nicht. Sie drückt mir zu fest die Hand und runzelt die Stirn.

– Pst!

Ich habe einen Kloß im Hals, meine Augen brennen.

Die anderen beobachten uns.

Ich gehe allein voraus, ich höre die Schritte meiner Mutter hinter mir und das Hohngelächter der anderen. Ich renne die Straße entlang. Tränen laufen mir übers Gesicht.

Ich eile die Straßen entlang, vorbei am Haus der Deutschen Kunst, an Röhms Villa und der von Heinrich Hoffmann, dann an Hitlers Haus. Ich sehe unseres und renne so schnell nach oben wie ich nur kann, ich klingele, Papa öffnet mir, ich schüttele ihn, ich rufe nach Rosie, sie ist weder in der Küche noch im Wohnzimmer und auch nicht in meinem Zimmer, das ihre ist leer, ich rufe ihren Namen, laufe wieder nach unten, ich klingele bei Funk, er öffnet mir.

– Wo ist Rosie? Wo ist Rosie?

Er nimmt mich in seine Arme und drückt mich fest.

Ich weine stumm.

Nach den Nürnberger Gesetzen dürfen Juden kein Personal »deutschen Blutes« unter fünfundvierzig Jahren beschäftigen. Rosie liebt mich, und ich liebe Rosie. Ja, sie hat deutsches Blut – so wie ich, früher, vor den Nürnberger Gesetzen. Jetzt bin ich Jude, einfach ein Jude, nichts als ein Jude, nichts anderes. Wir alle sind nur noch Juden, und Rosie darf nicht mehr bei uns wohnen.

*

So bin ich also Jude … Und die anderen verabscheuen mich.

Ich möchte in Palästina leben, damit ich nicht mehr allein bin. Papa und Mama reden darüber. Sie lassen sich beraten, lesen Fachzeitschriften und Zeitungsartikel, die sich Papa über neue Kontakte verschafft. Ich höre ihnen zu, ich überfliege die Bücher und Zeitschriften, die sie aufgeschlagen auf dem Schreibtisch liegen lassen. Daraus erfahre ich, dass in diesem Jahr sechzigtausend Juden nach Palästina emigriert sind, wo anderthalb Millionen Menschen leben. Viele der neuen Einwohner kommen aus Deutschland: Die NSDAP und die Jüdische Agentur für Palästina stimmen sich ab und versuchen, diese Auswanderung zu fördern. Schon seit dem Ende des letzten Jahrhunderts gehen Juden nach Palästina. Die europäischen Familien schließen sich zusammen und siedeln in Kolonien auf gekauften Grundstücken rings um die arabischen Dörfer an. Sie bauen Orangen an, denn die lassen sich gut exportieren. Einige Gemeinden erinnern an die französischen Dörfer im Mittelalter, andere an sowjetische Kolchosen, aus denen viele Immigranten kommen. Die jungen Frauen tragen ausgeschnittene Blusen und Pluderhosen, die Männer Westen, kurze Hosen und Schirmmützen. Geleitet wird die Gemeinschaft der Siedler durch einen Rat aus sieben Personen, die jedes Jahr neu gewählt werden. Man arbeitet von 5.30 Uhr morgens bis 11.30 und dann wieder von 2 Uhr bis 6.30. Gehalt oder Lohn gibt es nicht: Die Siedlungsgemeinschaft kümmert sich um alle Bedürfnisse, sogar Zigaretten für die Raucher werden beschafft, ebenso wie Instrumente für die Musiker. Jedes Mitglied hat Anspruch auf fünfzehn Tage Urlaub; die Siedlungsgemeinschaft bezahlt den Urlaubern sämtliche Kosten für die Reise. Es gibt fast keine praktizierenden Gläubigen. Jede Siedlung hat im Zentrum ein Haus, in dem die Kinder gemeinsam von hauptberuflichen Kindermädchen betreut werden. Ich wäre gern dort und nicht mehr hier.

Mein Vater will nicht nach Palästina. Das Land befindet sich im Krieg, sagt er. Das Leben dort ist schwierig. Die arabischen Einwohner sind ziemlich beunruhigt über die vielen Familien, die in Schiffen ankommen und die ihrer Meinung nach besser in Europa bleiben sollten. Die radikalsten unter ihnen zerstören die Geschäfte der neuen Einwanderer, oder sie töten sie auf offener Straße wie in Deutschland die Nazis. Juden und Araber träumen davon, hier ihren eigenen Staat zu gründen, denn das ist Palästina, solange es unter dem Mandat des britischen Empires steht, bislang weder für die einen noch die anderen. Viele träumen von einem unabhängigen Staat für die Juden, die nicht mehr in Europa leben können, doch die Nachbarländer sind dagegen. Sie werden dem Land den Krieg erklären, sollten die Engländer der jüdischen Nation eines Tages das Existenzrecht zugestehen. Dort unten nennt man die Juden »ihoud«, und sie können die Altstadt von Jerusalem nicht betreten, ohne Gefahr zu laufen, mit Steinen beworfen zu werden. Mein Vater hält es für möglich, dass die Lage in Palästina bald noch schlimmer ist als in Deutschland.

– Wenigstens sind wir in Europa, sagt er. Wir können immer noch unter unseren Landsleuten leben. Wir, die Feuchtwangers, sind Deutsche, was auch immer sie sagen, und das seit 1555, als unsere Vorfahren sich in Fürth, in der Nähe von Nürnberg, niedergelassen haben, nachdem sie aus ihrem Dorf Feuchtwangen, nördlich der Donau, vertrieben worden waren. Und auch davor waren wir schon da! All unsere Vorfahren haben in Deutschland gelebt, seit vielen hundert Jahren. Dieser Irrsinn wird vorübergehen wie alles, was die Feuchtwangers überlebt haben.

*

Schon vor einem Jahr hat Papa seinen fünfzigsten Geburtstag gefeiert. Ich denke manchmal daran beim Einschlafen. An dem Abend waren alle seine Freunde gekommen. Die Bernheimers, die Siegels und alle aus der Familie, die in Deutschland lebten. Tante Lilly, Berthold, Tante Bobbie, der Herzog und viele andere Gäste, deren Namen ich nicht kannte. Schriftsteller, Musiker, Leute in jedem Alter. Die Männer kamen im Smoking, die Frauen im Abendkleid. Ich war angezogen wie ein Erwachsener, mit einer Fliege um den Hals. Dieser Abend ließ mich an die Feste bei unseren Verwandten Bernheimer denken, als meine Eltern unter einem Regen aus Konfetti tanzten, während ein Orchester aufspielte. An solchen Abenden schlief ich in Ingrids Zimmer ein, eingewogen von Musik und Gelächter. Dieses Mal durfte ich bei Papas Geburtstag bis Mitternacht aufbleiben, zusammen mit Beate, die auch da war. Ihre Eltern wirkten glücklich. Die blauen Flecken im Gesicht ihres Vaters, den man zwei Jahre zuvor so misshandelt hatte, waren verschwunden, nur eine Narbe war als mahnende Erinnerung von diesem »schlimmen Ereignis« zurückgeblieben.

Beate und ich spielten, wir würden Cocktails für die Gäste vorbereiten. In der Küche vermischten wir alle Reste aus den benutzten Gläsern in sauberen und boten sie den Erwachsenen an, wobei wir uns alle möglichen Fantasienamen ausdachten. Ein Mann mit einem leicht geröteten Gesicht, der immer weitertrank und schon torkelte, sah mir in die Augen und sagte:

– Edgar, erinnere dich gut an diesen Abend.

Er sah aus, als würde er gleich anfangen zu weinen. Meine Mutter kam hinzu und brachte ihn lachend in ein anderes Zimmer. Ich hörte ihre Stimmen, die sich mit der Musik des Orchesters mischten. Bevor ich schlafen ging, sah ich aus dem Fenster. Bei Hitler war Licht. Ich glaube, er war allein.

Ich denke, ich weiß, was mir der angetrunkene Mann sagen wollte. Vielleicht war es das erste und letzte große Familienfest meines Lebens. Mein Vater geht nicht mehr ins Büro, denn seine Stelle wurde gestrichen. Er geht auch nicht mehr in das Café-Restaurant Fürstenhof in der Kaufingerstraße, wo wir uns oft mit Onkel Berthold unterhielten, der Bubi genannt wird. Er machte sich keine Sorgen damals und sagte, Hitler sei nicht gefährlich. Mein Vater geht auch nicht mehr in den grünen Garten des Café Heck, wo Hitler persönlich einst Onkel Lion und Bertolt Brecht gegrüßt hatte. Ich erinnere mich daran, wie ich einmal mit Rosie zum Haus von Thomas Mann ging, um ihm kostbare Bücher zu bringen, die ihm mein Vater auslieh. Es war Sommer. Auf dem Weg bekam ich Durst. Ich stillte ihn mit Rosies selbstgemachter Granatapfellimonade. Onkel Lion, Bertolt Brecht, Thomas Mann und viele andere haben Deutschland inzwischen verlassen. Warum sind wir geblieben?

*

Auf einem Schild an der Eingangstür eines Geschäfts habe ich gelesen: »Für Hunde und Juden verboten«.

*

Papa geht fast nicht mehr aus dem Haus. Er leitet jetzt von seinem Schreibtisch aus eine jüdische Zeitung, die *Bayerische Israelitische Gemeindezeitung*. Spät abends höre ich seine große Feder übers Papier kratzen, sein Eau de Toilette dringt unter den Türritzen hindurch bis in mein Zimmer. Manchmal kommt eine Sekretärin, um die Briefe mitzuschreiben, die er verschicken will. Er arbeitet die ganze Zeit, von morgens bis abends, und – ob er nun jemanden empfängt oder nicht – er zieht sich genauso an wie zu der Zeit, als er noch ins Büro ging, einen grauen Anzug und eine Weste, ein weißes

Hemd und Krawatte. Meine Mutter kommt geräuschlos zu ihm herein und serviert ihm Kaffee. Das erinnert mich an Rosie, die ihm Gebäck auf einem Silbertablett brachte, wenn er seine Schriftstellerfreunde empfing. Manchmal fährt er ein paar Tage in die Provinz. Er kommt mit Geschenken wieder, kleinen Porzellanfiguren, Silbertässchen oder Glaskugeln, in denen Flocken umherwirbeln. Er veranstaltet Konferenzen in den umliegenden Städten und kommt immer gut gelaunt und voller Hoffnung für unsere Gemeinschaft wieder.

– Es gibt keinen Grund, in Palästina einen Staat zu gründen, meint er. Die Nationen und die Nationalismen sind eine Plage, die im Krieg endet. Der menschliche Geist dagegen, der humanistische und brüderliche Geist, die Kultur und das Wissen, die Ideen, das Denken, die Musik und die Malerei, sie alle kennen keine Grenze. Die Juden haben in Deutschland kein Wahlrecht mehr? Den Nicht-Juden geht es doch nicht anders, denn sie dürfen nur die NSDAP wählen! Immerhin brauchen wir Juden uns nicht zu ihren Komplizen zu machen.

Mit seinem silbernen Brieföffner reißt mein Vater die Kuverts auf. Er schreibt Briefe per Hand und bittet mich, sie zur Post zu bringen. Ich renne die Straße entlang, um sie vor der letzten Leerung in den Briefkasten zu werfen. Er besorgt sich alle Ausgaben der Regierungsblätter und erlaubt mir, sie zu lesen. Die Parteizeitung, den *Völkischen Beobachter*, finde ich abstoßend. Am schlimmsten ist *Der Stürmer*, den Julius Streicher herausgibt. Auf der Titelseite steht in riesigen Buchstaben: »Die Juden sind unser Unglück«, dazu sind scheußliche Karikaturen abgedruckt von hinterhältig aussehenden, gebückten Gestalten mit Hakennase. Die Juden werden als Kriegstreiber verunglimpft oder als gierige Menschen hingestellt, die das Geld der ganzen Welt für sich beanspruchen, besonders das deutsche. Jede Woche kaufen vierhunderttausend Deutsche die Zeitung.

Wenn ich in den Spiegel schaue, kann ich keine Hakennase erkennen. Ich sehe den Zeichnungen, die in den Zeitungen veröffentlicht sind, gar nicht ähnlich. Oft denke ich an die Zeit, als ich noch klein war. Ich bin jetzt zwölf und ich fühle mich schon so alt. Früher wurde ich zu Geburtstagsfeiern eingeladen. Ich erinnere mich an die von Ralph. Ralph und ich wollten Spartakisten werden, als wir klein waren. Wir liehen uns gegenseitig unsere Lieblingsbücher aus. Wir wollten auf einem Kamel durch die Welt reiten. Niemand in der Schule spricht mehr mit mir. Die anderen reden über die Olympischen Spiele. Sie sagen, Deutschland wird überall gewinnen. Am 19. Juni hat Max Schmeling den als unbesiegbar geltenden Joe Louis im New Yorker Yankee-Stadion geschlagen. Sie sagen, der Arier habe den Neger besiegt. Sie sagen, die Vertreter der höheren Rasse, die Kunstturner Konrad Frey und Alfred Schwarzmann, die schon im Weltkrieg gekämpft haben, werden das deutsche Volk in den Stadien rächen.

*

Ich will nicht mehr, dass Ralph seine Meinung ändert und wieder mein Freund wird. Es ist zu spät. Ich werde wie mein Vater in meiner eigenen Welt leben.

Ich bereite mich auf meine Bar Mitzwa vor. Wenn ich am Abend aus der Schule komme, gehe ich zur Synagoge, wo mir Herr Glaser beibringt, auf Hebräisch zu singen. Der Rabbiner, Leo Baerwald, erklärt mir die Zeremonie in der Münchener Hauptsynagoge. Die Nazis haben Hakenkreuze auf die Säulen am Eingangsportal geschmiert. Im Inneren ist man trotzdem in einer anderen Welt, es ist ruhig und friedlich. Ich mag es gern, wenn die Kinder mit den Erwachsenen singen. Die jüngsten Stimmen mischen sich mit den raueren der Erwachsenen, wie Engel inmitten von Donner. Sie singen auf Hebräisch und ich verstehe kein Wort. Die Musik nimmt mich ein, trägt mich fort. Der Herr Rabbiner Glaser empfängt mich mit einem Lächeln, ich gehe zu den anderen und versuche, die Wörter zu entziffern. Ich tue so, als ob ich sie verstünde, ich singe aus dem Gedächtnis mit und denke daran, dass mein Vater seine Bar Mitzwa in der orthodoxen Ohel-Jakob-Synagoge in der Kanalstraße gefeiert hat. Seine Eltern, meine Großeltern, waren sehr fromm. In München gibt es nicht einmal neuntausend Juden, das sind nur 1,2 Prozent der Bevölkerung. Als sich die Stimmen erheben, sehe ich zu Boden, um die Tränen zu verbergen, die über meine Wangen rollen.

Der Herr Rabbiner, Leo Baerwald, gibt uns Theologieunterricht. Heute hat er mich gebeten, den amerikanischen Rabbiner Wise von der Synagoge bis zu dem Hotel zu begleiten, in dem er wohnt. Er spricht nicht gut deutsch und kennt die Stadt nur wenig. Wir gehen, ohne ein Wort zu sagen. Er trägt keine Kippa, sondern einen Hut. Nichts deutet darauf hin, dass er Rabbiner ist. Sein amerikanischer Anzug ist eleganter als die der Passanten. Er trägt einen breiten Hut – einen *Borsalino,* wie mir ein Kamerad sagte. Es macht mich glücklich, zusammen mit einem Amerikaner die Straße entlangzugehen. Ich möchte fortgehen und dort leben. Man sagt, die Kinder bekommen in Drugstores Milchshakes angeboten, zum Frühstück isst man Eierkuchen mit Ahornsirup und die Schüler dürfen belegte Brote in einer kleinen Metalldose mit in die Schule nehmen. Vielleicht nehme ich eines Tages ein Schiff nach New York, wo Rabbiner Wise wohnt. Er geht schnell und wippt dabei ein wenig mit seinen breiten Schultern. Ich ahme ihn nach. Plötzlich bleibt er stehen. Er ruft etwas auf Englisch. Ich verstehe nicht, was er sagt. Er zeigt auf eine Straßenbahn. Die Leute bleiben stehen und sehen uns an. Zwei Uniformierte auf der gegenüberliegenden Straßenseite haben ihren Schritt verlangsamt und drehen sich zu uns um. Mit Gesten versucht er mich zu fragen, was auf dem Werbeplakat an der Straßenbahn steht. Es ist eine Reklame für die Zeitung *Der Stürmer*. Sie verkündet: »Die Juden sind unser Unglück«, und auf einer Zeichnung ist ein scheußlicher Greis mit gebogener Nase und krummen Fingern zu sehen. Ich kann das nicht ins Englische übersetzen. Ich beherrsche seine Sprache nicht. Die Soldaten überqueren die Straße und kommen in unsere Richtung. Ich sage zu Rabbiner Wise:

– *Quick, quick!* Es ist das einzige Wort, das ich kenne.

»*Quick*« heißt »schnell«, das habe ich im *Mickey Mouse Magazine* gelernt, das Rabbiner Wise für die Kinder der Synagoge mitgebracht hat. Rabbiner Wise sieht die Soldaten. Wir drehen uns auf dem Absatz um und stürzen uns in die Menge. Ich habe nichts gesagt, als ich zurückkam, weder zu Rabbiner Leo Baerwald noch zu meinen Eltern. Wenn man uns verhaften sollte, wäre es mir lieber, wenn niemand weiß, dass es meine Schuld ist.

*

Ich lerne gern und meine Noten sind gut. Papa ist stolz, wenn er mein Schulzeugnis unterschreibt, auf dem ich als »Israelit« bezeichnet werde. Auf dem Schulstempel ist ein großer Nazi-Adler zu sehen. Die ganze Stadt ist voll mit Hakenkreuzen, besonders seit den Olympischen Spielen. Sie haben wie geplant in Berlin stattgefunden. Frankreich hatte damit gedroht, sie zu boykottieren, aber die Regierung von Léon Blum hat am Ende nicht abgesagt. Trotzdem ist Blum Jude, und Hitler hat erklärt, der deutsche Sport sei nur etwas für Arier. Nazi-Gegner wollten andere Spiele in Barcelona organisieren. Aber in Spanien laufen die Dinge nicht gut: General Franco greift die republikanisch gesinnten Städte jeden Tag mit Kanonen an, und Hitler und Mussolini unterstützen ihn noch dabei. Aus den Parallelspielen wurde daher nichts, man hat sie wieder abgesagt. Spanien wird bald der nächste faschistische Staat auf der Welt sein. In Berlin hieß Hitler die internationalen Sportler willkommen. Alle empfingen ihn mit dem Hitlergruß, der identisch ist mit dem Olympischen

Gruß: Der gestreckte Arm zeigt in Richtung Himmel. In der Schule hat ein Klassenkamerad gesagt, es sei eine göttliche Geste. Die Arier Konrad Frey und Alfred Schwarzmann haben in ihrer Disziplin, dem Kunstturnen, alles gewonnen. Deutschland errang die meisten Medaillen – neunundachtzig, die USA nur sechsundfünfzig. Leni Riefenstahl hat einen Film zum Ruhm unserer germanischen Helden gedreht, die die Welt beherrschen sollen: *Olympia.* Ich habe mich entschieden, ihn nicht anzusehen, wenn er ins Kino kommt.

Ich bin allein auf dem Schulhof, und während alle anderen von den Leistungen unserer Nazi-Sportler erzählen und sie nachspielen, tröste ich mich damit, dass ein Ausländer, Jesse Owens, vor den wütenden Blicken unseres Nachbarn vier Goldmedaillen errungen hat. Der schnellste Mann aller Zeiten ist kein Deutscher. Er ist Amerikaner. Und er ist so schwarz wie das Schwarz der nationalsozialistischen Hakenkreuze.

1937

Nichts hatte mich in kurzer Zeit so nachdenklich gestimmt als die langsam aufsteigende Einsicht in die Art der Betätigung der Juden auf gewissen Gebieten.
Gab es denn da einen Unrat, eine Schamlosigkeit in irgendeiner Form, vor allem des kulturellen Lebens, an der nicht wenigstens ein Jude beteiligt gewesen wäre?
Sowie man nur vorsichtig in eine solche Geschwulst hineinschnitt, fand man, wie die Made im faulenden Leibe, oft ganz geblendet vom plötzlichen Lichte, ein Jüdlein.

Adolf Hitler, *Mein Kampf*

DORLE IST VERSCHWUNDEN. Sie ist weggelaufen. Tante Lilly hat aus Berlin angerufen, und seit zwei Tagen telefoniert Papa mit seinen Freunden in Lausanne, in der Schweiz, wo meine Schwester in einem Internat war. Niemand weiß, wo sie ist. Sie hätte für die Ferien zu ihrer Mutter fahren sollen, aber statt Freitagabend den Nachtzug zu nehmen, ist sie verschwunden. Das Telefon klingelt ohne Unterlass. Mein Vater sagt nichts mehr. Er wollte mit dem Zug in die Schweiz fahren, aber Mama erinnerte ihn daran, dass man ihn ohne Visum nicht über die Grenze lassen würde. Er hat ein Stück Papier in seiner Faust zerknüllt und es in den Mülleimer geworfen.

Morgens frühstückt mein Vater schweigend. Seine nach hinten gekämmten Haare sind grau geworden. Noch immer trägt er einen Dreiteiler, die Krawatte passt zum Einstecktuch, die Schuhe sind perfekt geputzt. Seine Lippen werden schmal, wenn etwas auf dem Tisch fehlt. Immer öfter deckt er, um Mama zu helfen. Ein jüdisches Dienstmädchen hat Rosie ersetzt. Sie ist fast genauso alt wie Dorle, wirklich nur ein kleines bisschen älter: einundzwanzig. Seit mein Vater nicht mehr arbeitet, haben wir weniger Geld, so geben wir ihr das Zimmer und ein paar Groschen für ein bisschen Hilfe im Haushalt. Zum Glück muss man nicht mehr auf mich aufpassen. Es sei denn, ich versuche wegzulaufen wie Dorle!

Wir haben Nachrichten von der Flüchtigen. Sie ist mit einem jungen Mann weggefahren, mit einem französischsprachigen Schweizer, der Duvoisin heißt. Papa wirkte traurig. Wir saßen am Frühstückstisch, die Toastscheiben standen aneinandergereiht in einem silbernen Ständer auf der weißen Tischdecke. Aus der Tülle der versilberten Kanne neben dem kleinen Milchkrug dampfte der heiße Kaffee. Das

Himbeergelee zitterte im Marmeladenglas. Hühnereier standen bereit. Mama bestrich mir ein paar Schnittchen. Sie reichte mir den Apfelsaft und sagte, ich solle mein Ei öffnen, bevor es hart wird. Und Papa sagte wieder, das Wichtigste sei, dass es Dorle gut ging. Er hoffe einfach, dass Herr Duvoisin nett zu ihr ist.

*

Im Radio liest ein Mann die Nachrichten. Die ganze Welt scheint faschistisch zu werden. Anastasio Somoza García ist der neue Präsident von Nicaragua. Er ist ein Diktator wie Hitler. Die spanischen Franquisten schlagen sich immer noch mit den Anhängern der Republik. Die mit Franco verbündeten Italiener begannen 1935 mit der Invasion von Äthiopien, 1936 ging der Negus Haile Selassie ins Exil. Der italienische Anführer, der Duce Benito Mussolini, wird eine 1800 Kilometer lange Straße einweihen, die am Mittelmeer entlang von Tunesien nach Libyen führt. Hirohito, der Kaiser von Japan, setzt seinen Eroberungsfeldzug in der Mandschurei in China fort. Er hat einen Faschisten zum Premierminister gemacht, Hirota Kōki, und in diesem Jahr den Antikominternpakt mit Hitler unterzeichnet. In Europa haben die Franzosen und Engländer nichts gesagt, als unsere Truppen 1936 das Rheinland besetzten, das erste Mal seit dem großen Krieg. Die Belgier sind beunruhigt, weil die Region an ihr Land grenzt. Deutschland hat jetzt 1600 Flugzeuge, fast so viele wie die UdSSR, die 2500 besitzt, und mehr als Italien und Frankreich zusammen. Léon Blum, der französische Premierminister, hat einen Kredit von fünf Milliarden Francs für die Herstellung von 1500 Flugzeugen aufgenommen, die bis zum Ende des nächsten Jahres fertig sein sollen. Und hier in Deutschland haben die Reichstagsabgeordneten Hitlers Macht um vier Jahre verlängert. Zum Glück sind die Amerikaner noch keine Faschisten. Präsident Roosevelt wurde letztes Jahr wiedergewählt.

– Aber er tut nichts für uns, sagt Papa. Los Bürschi, beeil dich, du musst zur Schule.

– Aber Papa, glaubst du, es wird Krieg geben?

– Ach, mach dir keine Sorgen. Geh schon, mein Kleiner.

Seine Hände zittern, wenn er sich Kaffee einschenkt. Beim Rasieren heute Morgen hat er sich geschnitten. Immer öfter hat er kleine Kratzer im Gesicht; manchmal vergisst er auch das ein oder andere Barthaar auf der Wange. Seit einem Jahr hat er öfter Bauchschmerzen. Er macht das koschere Essen dafür verantwortlich, das er bei seinen Eltern bekam. Ich drücke mich fest an ihn und renne die Treppen hinunter.

Es ist kalt draußen. Man kann nicht mehr auf dem Fußgängerweg vor Hitlers Haus entlanggehen. Hinter der Absperrung überwachen Soldaten in Habachtstellung die Mercedes-Wägen. Ich erkenne die Wachleute wieder, denn ich sehe sie ja jeden Tag, aber sie bemerken mich nicht, den kleinen unsichtbaren Juden. Die ganze Zeit komme ich an diesem Haus vorbei und beobachte sie aufmerksam. Ich stelle mir Hitlers Leben vor und frage mich, was er zum Frühstück isst. Ich sehe seinen Schatten am Fenster. Er hasst uns. Er hasst mich. Ohne überhaupt zu wissen, dass es mich gibt.

*

Alle meine Klassenkameraden sind jetzt im Jungvolk. Alle außer mir. Naja, außer uns, den Juden. Umso besser! Die anderen müssen eintreten, sobald sie zehn Jahre alt sind. Früher fand ich ihre Uniform würdevoll und mochte sie, heute kommt sie mir albern vor. Ich höre sie miteinander reden, auf den Korridoren und im Pausenhof. Sie sprechen nur noch von Hitler und machen sich über den Rest der Welt lustig, über die Franzosen ebenso wie über die Engländer, die Russen und die Kommunisten, über die Schwarzen und über die

Amerikaner. Über die Juden sprechen sie nicht sehr oft. Vielleicht trauen sie sich nicht, solange ich dabei bin? Abends beeile ich mich, nach Hause zu kommen oder zum Religionsunterricht.

*

Vergangene Woche hat ein Freund Hitler in der Nähe der Synagoge gesehen. Er aß in einem benachbarten Restaurant zu Mittag. Er saß mit dem Rücken zu ihm, aber als er sich einen Moment lang umdrehte, erkannte mein Freund seinen Schnurrbart. Andere Leute saßen mit ihm am Tisch und lächelten steif. Gestern Abend, nach dem Religionsunterricht, kam ich an der Osteria vorbei. Ich hatte gerade die Geschichte von David und Goliath gelesen. Einen Moment lang stellte ich mir vor, dass ich das Restaurant betrete, mit einer Steinschleuder auf Hitler ziele, ihn am Kopf treffe und töte. Ich lief, die Hände in den Taschen und die Nase im Mantelkragen vergraben, nach Hause. Ich lächelte, als ich daran dachte, dass er nicht wusste, wer ich war. Er wusste nicht, dass ein Kind, ein Jude, sich ausgemalt hat, wie er stirbt, beim Essen. Es war sein Nachbar, der ihn Tag für Tag beobachtete und ihn vielleicht überleben würde, der Sohn eines Juden, dem es nicht mehr erlaubt war zu arbeiten, der jedoch ein glückliches Leben führte, der Neffe von Lion Feuchtwanger, dem Feind der Nazis, der ihn von Frankreich – der französischen *Republik* – aus weiter herausforderte! Ich, Edgar, genannt Bürschi, der Sohn des Verlegers Ludwig, Neffe des Schriftstellers Lion, Schüler des Rabbiners Siegfried Glaser, hasste ihn mit all meiner Kraft, ohne dass er etwas davon wusste. Trippelnd und lachend, pfeifend und singend kam ich nach Hause und war bester Stimmung.

Hitler kann nichts gegen die Gedanken der Leute ausrichten. Er kann meine Ideen nicht kontrollieren und auch nicht die Welt sehen, die in mir ist. Er weiß nichts von meinen Gefühlen. Zu Hause und in uns selbst sind wir frei. In der Synagoge studieren wir Philosophie; die Geschichten der Tora sind voller überraschender Wendungen manchmal widersprechen sie sich auch. Wir lesen sie und sprechen darüber, im warmen Licht des Studierzimmers denken wir darüber nach. Rabbiner Glaser bringt uns bei nachzudenken, aber auch die Gefühle jedes einzelnen mit einzubeziehen. Die Geschichten sind vielfältig und wunderbar. Ich stelle mir vor, ich wäre David oder Moses oder Samson. Ich liege als Neugeborenes in einem Korb, der schaukelnd auf dem Nil dahintreibt, meine lange Haarpracht macht mich unbesiegbar. Im Unterricht bleibt die Zeit stehen, ich bin in Ägypten und der Anführer eines Volkes, das die Meere und die Wüsten durchquert, ich bin ein bewunderter Krieger, der in der Sonne marschiert, meine Haare wehen im Wind. Dann gehe ich den gewohnten Weg zu Fuß nach Hause – ein Soldat der Sonne, den eine unsichtbare Rüstung schützt. Die Nazis bemerken mich nicht, ich sehe sie an, ich habe keine Angst mehr vor ihnen.

*

Dorle lebt jetzt mit ihrem Mann in einer Wohnung in Lausanne. Herr Duvoisin hat meinem Vater geschrieben und ihn um die Hand seiner Tochter gebeten. Er hat uns den Brief feierlich vorgetragen. Ich dachte, er würde explodieren. Und er ist explodiert, aber nicht vor Wut, sondern vor Freude. Durch die Heirat wird Dorle eine andere Nationalität haben und in der Schweiz leben können. Mama findet, sie sei noch ziemlich jung, aber Papa stimmt ihr nicht zu. Früher war es das richtige Heiratsalter, und im Übrigen kennt die Liebe kein Alter. Dann sagte er noch, da er ohnehin keine Wahl habe, sei es besser, die Dinge von der positiven Seite zu sehen. Mein

Vater wird zur Hochzeit fahren. Meine Mutter hat sich entschieden, hier zu bleiben, um auf mich aufzupassen. Jedenfalls würde uns die Schweiz nicht drei Visa ausstellen, denn sie müsste befürchten, dass wir heimlich einwandern wollen. Mein Vater ist mit der Hochzeitseinladung zum Schweizer Konsulat gegangen und hat das Visum ohne Probleme bekommen.

Die Zeit verging wie im Flug. Kaum war mein Vater weg, da war er auch schon wieder zurück. Ich fühlte mich an seine Rückkehr aus Palästina erinnert. Er hatte ein gebräuntes Gesicht und Geschenke dabei – eine Schweizer Kuckucksuhr, Schweizer Schokolade, Schweizer Postkarten. Er berichtete uns ganz fröhlich und in allen Details von der Hochzeit. Zuerst ließen sie sich standesamtlich trauen, später dann auch in der Kirche. Dorle war ganz in Weiß gekleidet. Ihr Ehemann, ein junger, sehr eleganter Mann, hat auf meinen Vater den besten Eindruck gemacht. Alle haben in einem großen Restaurant gegessen. Papa sagte, als er erst einmal im Ausland war, sei ihm klar geworden, wie sehr sich das Leben hier inzwischen verändert hat und dass wir vielleicht alle dorthin ziehen sollten. Fünf von seinen acht Geschwistern sind bereits gegangen: Lion ist in Frankreich, Henny und Medi sind in Palästina, und Bella ist gerade mit ihrem Bruder Martin nach Prag in die Tschechoslowakei gezogen. Onkel Berthold, »Bubi«, ist immer noch hier in München, und auch Fritz. Franziska lebt mit ihrem Mann, Herrn Diamant, und ihren beiden Kindern in Berlin. Von der Familie meiner Mutter ist Heinrich in Paris, wohin wir ihm die ganze Zeit Pakete mit seinen Geschäftsunterlagen nachschicken, die er hier zurücklassen musste. Es ist regelrecht ein Umzug mit der Post! Sechs sind weggegangen, vier sind noch hier: Mehr als die Hälfte meiner Onkel und Tanten haben Deutschland verlassen.

– Aber die Schweiz wird uns niemals drei Visa auf einmal geben.

– Also Großbritannien? Fragt Mama.

– Da wird es genauso sein, und ich spreche kein Wort Englisch.

– Frankreich! Wir könnten zu Lion.

– Aber wir haben doch schon darüber gesprochen. Lion und seine Frau Marta sind nur zu zweit. Seit vier Jahren leben sie wie Luxustouristen im Hotel oder in den Städten der Côte d'Azur. Sie haben auch keine Arbeitsvisa, sondern den Status von x-beliebigen Illegalen. Gott sei Dank haben sie etwas Geld und viele Freunde. Lions Bücher haben sich noch nie so gut im Ausland verkauft. Wir aber werden keinerlei Einkünfte haben.

– Auch hier ist es schwierig!

– Aber wir haben eine Wohnung, Möbel, Bücher, Freunde. Ich lebe mitten in unserer Gemeinschaft, ich halte Konferenzen ab, leite eine Zeitung. Da unten werden wir nichts haben, und wir werden niemand sein.

Mein Vater verzieht das Gesicht und hält sich mit der Hand den Bauch.

– Mein Schatz, hast du einen Termin beim Arzt vereinbart? Ich habe den Eindruck, es wird schlimmer, sagt meine Mutter.

– Ja, ich gehe nächste Woche hin.

*

Es hat viel geschneit in diesem Jahr; der Winter ist vorbei, jetzt wird es langsam mild und schön. Die Tennisplätze hinter unserem Haus sind geöffnet. Man hört das Auftrippeln der Bälle, die Saiten der Schläger, das dumpfe Aufprallen des Filzes auf dem Sandplatz. Die Bäume haben noch keine Blätter, nur Knospen, und ich kann durch sie hindurch die Partien verfolgen. Die weiß gekleideten Spieler zählen die Punkte auf Englisch. Früher habe ich mit meiner Mutter Tennis gespielt. Sie hat mir das Serve-and-Volley-Spiel beigebracht. Sie ließ mich rennen, indem sie die Bälle mal auf die rechte, mal auf die link Seite, mal lang und dann wieder kurz spielte. Meine Bälle flogen hoch in den Himmel. Ihre aber beschrieben eine unsichtbare Linie, und ich rannte, um sie zu erwischen. Meine Mutter zählte die Punkte. Wann war das? Vielleicht in den Ferien? Oder immer nachmittags? Rosie brachte uns frisches Zitronenwasser in einer Korbflasche. Jetzt dürfen wir nicht mehr auf den öffentlichen Plätzen spielen.

Mein Vater wird wegen eines Magengeschwürs operiert. Nicht so schlimm, hat der Doktor gesagt, eine gutartige Sache. Meine Eltern haben trotzdem entschieden, mich für die Zeit seiner Genesung nach Berlin zu schicken, damit er wirklich Ruhe hat. Oder aus anderen Gründen. Ich weiß es nicht. Tante Bella wird mich im Zug begleiten, und wir werden bei Tante Franziska wohnen. Tante Bella lebt in Prag. Sie ist eine Scheinehe eingegangen, um Papiere zu bekommen. Ihr Mann – also ihr »falscher« Mann – ist ein Freund, der ihr helfen wollte. Er heißt Herr Traubkatz.

*

Bella und ich sitzen im Zug nach Berlin, einander gegenüber und am Fenster. Wir sind acht Fahrgäste im Abteil, vier auf jeder Bank. Ich bin das einzige Kind, denn es sind keine Ferien. Die anderen sind in der Schule. Der Doktor hat mir eine falsche Unterrichtsbefreiung ausgestellt, und meine Eltern haben mich krank gemeldet, was ich nicht bin. Sie sagten, ich hätte Pfeiffersches Drüsenfieber, eine Erkrankung des Blutes, und ich müsste mich zu Hause erholen. Falls es Probleme gibt, sagen wir, dass ich wegen irgendwelcher Untersuchungen nach Berlin musste. Meine Tante bewahrt meine Papiere und Franziskas Einladung sorgfältig in ihrer Handtasche auf. Bella braucht keine Papiere, um reisen zu können: Sie besitzt einen tschechoslowakischen Pass auf den Namen Bella Traubkatz. Ich fahre zum ersten Mal nach Berlin. Endlich werde ich die Hauptstadt Deutschlands kennenlernen. Ich sehe aus dem

Fenster die elektrischen Leitungen, die auf- und absteigen wie Wellen, von einem Pfosten zum nächsten. Tante Bella hat das Fenster einen Spalt breit geöffnet, denn in unserem Abteil sitzt ein Bauer mit einem Korb voller Hühner. Er und seine Hühner verbreiten einen üblen Geruch. Die anderen Fahrgäste, Geschäftsmänner in Anzügen, lesen schweigend die Zeitung. Es ist komisch, sie alle halten die gleiche große Zeitung vor sich geöffnet, das rechte Bein über dem linken Knie, in der gleichen Haltung. Man könnte meinen, es sei derselbe Mann, dessen Bild sich vielfach spiegelt. Ich möchte lachen, dann schlafe ich ein.

Als wir ankamen, war Franziska da. Wir folgten ihr in der Menge bis zu einem Taxi und fuhren zu ihr nach Hause. Noch nie habe ich so viele Menschen in einem Bahnhof oder auf der Straße gesehen, und auch nicht so viele Autos, Geschäfte, Fahrräder, Motorräder, Reisebusse, Straßenbahnen, Busse, junge Frauen, Kinder, Straßenhändler, Zeitungsverkäufer, Geschäfte, Plakate, Neonlichter, Bars, Restaurants, Banken, Cafés, Terrassen, Korbstühle, Weinlokale. Von allem gibt es hier mehr.

Von hier, von Berlin aus, bedroht Hitler die Welt. Trotzdem kam mir Berlin weniger nationalsozialistisch vor als unsere kleine Stadt München. Die Gehsteige sind nicht so bevölkert mit SS-Männern und Kindern in Uniform. Ich habe keine Karikaturen von Juden an den Bussen gesehen und auch keine rassistischen Plakate.

Franziskas Wohnung ähnelt unserer. Sie ist weiträumig und gemütlich, voller Bücher und Bilder. Ihre beiden inzwischen erwachsenen Kinder sind in dieser Woche nicht in Berlin. Ich schlafe im Zimmer des jüngeren Sohnes, Bella in dem des älteren. Es ist das erste Mal, dass ich von meinen Eltern getrennt bin. Abends, vor dem Schlafengehen, erzählt mir Tante Bella von ihrem Leben in Prag. Sie hat mir gesagt, sie sei frei, wie früher in Deutschland, und könne das Leben führen, das sie will, und dass wir uns ganz bestimmt eines Tages alle wiedersehen werden, in Prag oder anderswo, um zusammen zu leben, sorglos und glücklich, ihre Brüder und Schwestern und ihre Freunde, meine Eltern und ich. Sie saß am Rand meines Bettes und sprach im Dunkeln zu mir. In ihrer Stimme war ein Lächeln, und ihre Augen müssen geleuchtet haben, als sie mir von ihrer glücklichen Kindheit in München erzählte, von den Erinnerungen an ihre Schulzeit. Sie zählte die Namen der Kameraden auf, mit denen sie spielte, als sie so alt war wie ich. Dann beschrieb sie mir die Leute in Prag, wo die Juden wie ganz normale Bürger behandelt werden. Mit ihrem Reisepass kann sie in der ganzen Welt umherreisen. Bella war sehr überzeugend, wir müssten uns auch Visa beschaffen und dann Reisepässe aus einem anderen Land, egal welchem, und weggehen, Deutschland so schnell wie möglich verlassen, bevor es zu spät ist. Lange hörte ich ihre Stimme, wie sie sang und ihre Welt beschrieb, die Geschäfte, in denen sie ihre Kleidung kaufte, die Restaurants, in die sie ging und in die sie gehen würde, in Paris, London, New York. Ich sah ihr späteres Leben vor mir, ich sah, wie sie heiratete und in einem langen weißen Kleid tanzte. Im Halbdunkel fühlte ich ihre Hand auf meiner Wange, ihre Lippen auf meiner Stirn.

Tante Franziska ist fürsorglich und aufmerksam. Als wir gestern ankamen, war der Abendbrottisch schon gedeckt. Es gab kaltes Fleisch mit Weißkohlsalat. Als sie mir dann mein Zimmer zeigte, war das Bettzeug extra für mich aufgeschlagen, meine Sachen waren in der Kommode verstaut, mein Toilettenbeutel lag auf der Ablagefläche über dem Waschbecken im Badezimmer, die Zahnbürste schon griffbereit. Heute Morgen haben wir im Wohnzimmer gefrühstückt. Ich hatte den Morgenmantel an, den sie gefaltet auf der Stuhllehne in meinem Zimmer für mich bereitgelegt hatte.

Wir saßen mit Tante Bella am Tisch. Franziskas Mann habe ich nicht gesehen, gestern Abend kam er spät nach Hause, und heute

Morgen ist er schon bei der Arbeit. Obwohl er Jude ist, darf er seiner Tätigkeit als Geschäftsmann noch nachgehen.

Ich bin froh, hier zu sein. Man hört die Hupgeräusche von der Straße und die Busse und Straßenbahnen. Ich kann es nicht erwarten hinauszugehen. Es klingelt an der Tür. Sofort erkenne ich die Stimme von Tante Lilly, der ersten Frau meines Vaters, Dorles Mutter! Ich renne zum Eingang und umarme sie.

– Du wirst sehen, mein kleiner Edgar, mein Bürschi. Wir werden uns schon amüsieren, wir zwei, ohne deine Eltern und ohne Dorle, die jetzt verheiratet ist. Weißt du, dass sie ein Kind erwartet? Tja, es kommt in sechs Monaten. Und ich bin ganz allein, na ja, fast. Da ist nämlich noch Lewandoski. Gut, ich werde es dir erklären. Übrigens gibt es hier eine Bonbonfabrik, kannst du das glauben? Und du bist auch schon eingeladen, sie dir anzuschauen! Das ist großartig, nicht wahr? Oh! Aber wie groß du geworden bist …

Ich umarme sie noch fester. Ich rieche ihr Parfum, das sie sich immer in Paris besorgt und das mir vertraut ist, seit ich auf der Welt bin und sie mich so an sich drückt. Sie umklammert meine Schultern und schiebt mich von sich weg, um mich anzuschauen, fährt mit ihren Händen über meine Haare, streicht sie dann wieder glatt und drückt mich noch einmal. Sie ist geschminkt. Mit ihren roten Lippen, den blauen Augenlidern und dem zu stark gepuderten Gesicht erinnert sie mich an die Gemälde, die ich bei meinen Verwandten, den Bernheimers, gesehen habe, von Toulouse-Lautrec, Manet oder Monet, ich weiß nicht mehr, ich verwechsele sie manchmal. Sie sieht aus wie die Damen aus dem letzten Jahrhundert, mit ihren spitzenbesetzten Kleidern und Hüten, die mit echten Blumen geschmückt sind, den roten Lippen und geschminkten Augen. Ich sehe ihr Dekolleté, das nur leicht von einer Seidenstola bedeckt ist. Verlegen kuschele ich mich an sie und sehe zu Boden.

*

In Berlin ist es wie im Paradies. Hier fühle ich mich nicht mehr als Jude. Ich habe die ganze Woche mit Tante Lilly verbracht. Wir haben die Fabrik von Herrn Lewandoski besichtigt, ihrem Verlobten. Als wir ankamen, rannte er die Treppen herunter, die bis zum Wächterhäuschen führen, wo wir warteten, dann brachte er uns in sein Büro hinauf, nachdem er Tante Lilly die Hand geküsst hatte, die wie ein Kind lachte. Sein Büro ist ganz aus Holz. Das sei moderne Kunst, sagte er uns. Die Bücherregale, die Schränke und Spiegel scheinen wie aus einem Stück gut geölten Eichenholzes geschnitzt. Ich musste an die Touristenplakate denken, auf denen große Ozeandampfer zu sehen sind. Der Raum erinnerte an eine große Schiffskabine. Dann haben wir uns die Fabrik angesehen. Immer wieder wurde Herr Lewandoski von Männern in blauen Kitteln gegrüßt. Wir kamen in den Maschinenraum, wo große Stahlkübel standen, in denen die Mischung brodelte, aus denen die Bonbons gemacht werden. Der Zucker wird in riesigen Papiersäcken angeliefert und dann auf Metallbahnen ausgeleert. Er rinnt in Bottiche, wo er von Metallarmen mit Wasser verrührt und alles erhitzt wird. Dann, nach einer langen Reise durch verschiedene Röhren, über Gummimatten und Schlitten auf Metallplatten, die von Technikern – dieses Mal in weißen Kitteln – ausgerichtet werden, immer mit dem Blick auf die Anzeigetafel, wo eine Nadel hin und her schwingt, kommt eine schwarze, weiße, blaue oder rote Paste zum Vorschein. Andere Maschinen portionieren sie in Stücke, und dann verpacken die Arbeiter die fertigen Bonbons in hübsches Papier mit dem Firmenzeichen. Als wir wieder gingen, waren meine Taschen voller Bonbons. Tante Lilly stolzierte wie eine Königin, verlegen wandten die Männer ihren Blick ab.

Diese Woche haben wir die ganze Stadt zu Fuß, in der Straßenbahn oder im Taxi erkundet: Wir sahen uns das Brandenburger Tor an, die großen Straßen, die Museen, und wir besichtigten das Schloss Friedrichs des Großen in Potsdam. Ich habe eine Schokolade nach Wiener Art getrunken, als wir in einem Café saßen, in dem ein

Orchester spielte. Das sei Jazz, sagte Tante Lilly. Wir sahen uns einen amerikanischen Film an, eine Musikkomödie, und dann begleiteten Tante Lilly und Tante Franziska Bella und mich zum Bahnhof. Die Ferien waren zu Ende. Erst da erinnerte ich mich daran, dass mein Vater krank war, dass wir nach München zurückfuhren, wo mich die Schule erwartete. Mein vorheriges Leben sollte weitergehen, vis-à-vis von Hitlers Wohnung.

*

Meine Mutter spielt Klavier. Die Wohnung ist dunkel. Die Tür zu ihrem Zimmer steht einen Spalt breit offen. Mein Vater liegt im Bett. Er schläft. Seine Haare sind zerzaust. Er sieht aus wie ein alter Mann. Seit einer Woche ist er nicht aufgestanden. Ich bringe ihm sein Essen auf einem Tablett. Ich setze mich zu ihm, er spricht nicht. In der Wohnung riecht es nach Arznei. Draußen ist es grau und regnerisch. Die Melodie, die meine Mutter spielt, ist düster und traurig. Von oben hört man das Knarren des Parketts, draußen bläst der Wind. Ich habe keine Lust mehr, zur Schule zu gehen, aber zu Hause ist es noch schlimmer. Ich langweile mich, meine Eltern sind traurig, ich habe keine Freunde, weder Bruder noch Schwester, ich bin allein. Das junge Dienstmädchen ist fast nie da. Am Anfang sprach sie mit mir, sie vertraute mir ihre Geheimnisse an. Sie wünschte sich, einem jungen Mann zu begegnen, um zu heiraten und Kinder zu haben, sie träumte von einem Katholiken oder auch einem Protestanten, damit ihre Kinder keine Juden wären wie sie – »aber die Protestanten sind die schlimmsten Antisemiten«, sagte sie mir später einmal. Jetzt hat sie einen Freund und erzählt mir nichts mehr. Ich weiß nur, dass er Jude ist. Ihre Kinder werden genauso unglücklich sein wie ich. Ich hoffe, mein Vater wird nicht sterben.

*

Papa geht es besser. Er ist wieder er selbst. Er arbeitet genauso viel wie früher, als er noch ein ganzes Gebäude voller Büros leitete, den ganzen Tag redet er laut, diktiert einer Dame, die immer öfter kommt, Briefe und schickt mich los, sie einzuwerfen. Er regt sich auf, gibt Anweisungen, telefoniert. In diesem Moment stelle ich mir unseren Nachbarn von der anderen Straßenseite an seinem Schreibtisch vor, wie er genauso geschäftig hin und her eilt. Ich frage mich, wer von beiden mehr arbeitet. Natürlich regiert Hitler ein ganzes Land, er ändert die Gesetze, gibt Richtlinien vor, brüllt im Radio, tut so, als berate er sich mit dem italienischen Duce, besänftigt den französischen Premierminister Léon Blum, fordert Josef Stalin heraus, eröffnet große Baustellen, lässt Autobahnen bauen, um schneller von seiner Wohnung zum Berghof in Berchtesgaden zu gelangen, rüstet ein Land wieder auf, lässt die Massen aufmarschieren, gefällt den alten Damen und jungen Mädchen, und kommt und geht immer wieder, vor unserem Haus. Mein Vater macht auch jede Sekunde etwas anderes. Er kritzelt seine Ideen auf Papierblöcke, korrespondiert mit Schriftstellern, schlägt Themen für seine Zeitung vor, schreibt Beschwerdebriefe, ruft Anwälte an, ihm bekannte Intellektuelle, die noch arbeiten oder schon im Ruhestand sind, schlürft die Suppe hinunter, die ihm auf einem Tablett gebracht wird, mit dem Bleistift hinterm Ohr, den Telefonhörer zwischen Hals und Schulter geklemmt. Er arbeitet gegen Adolf Hitler, »solange noch Zeit ist«. Er korrespondiert mit Palästina, London, Paris, New York, Lausanne, Rom oder Berlin. Er geht wieder in die Stadt, trifft seine Kontaktpersonen in den Parks. Wenn ich wach werde, ist Papa schon aufgestanden. Er blickt kaum merklich über den Rand seiner Brille hinweg, umarmt mich zerstreut und vertieft sich sofort wieder in die Zeitung. Meiner Mutter schildert er das Tagesgeschehen und erklärt, was es für uns bedeutet. Dann schreibt er an alle, die er kennt, auch an seine Brüder, deren Ältester, Lion, vor kurzem Joseph Stalin getroffen hat.

– Ich habe sein Stalin-Interview gelesen, und ich weiß genau, was er in seinem Buch schreiben wird, sagt Papa lautstark zu Mama. Aber Lion irrt sich. Stalin ist kein Landesvater, wie naiv, so etwas zu denken!

Als er mit schnellen Schritten aus dem Haus geht, in dem gleichen Anzug wie unser Nachbar – es sei denn, dieser verkleidet sich als General –, stelle ich mir vor, sie würden miteinander diskutieren, und ich frage mich, wer wohl der Überlegene wäre.

*

Heute ist meine Bar Mitzwa. Ich stehe allein vor der Bima, dem Pult mit der Tora-Rolle. Auf den Bänken links am Eingang sitzen die Männer, mein Vater in der ersten Reihe. Rechts sind die Frauen. Meine Mutter ist auch da. Die Synagoge ist voll. Ich erkenne die Gesichter nicht. Ich singe auf Hebräisch wie Herr Glaser es mir beigebracht hat. Mein Vater sieht mich an. Er hat mir versprochen, dass ich ab heute ein Mann bin.

1938

Man wußte nicht, was man mehr bestaunen sollte:
ihre Zungenfertigkeit oder ihre Kunst der Lüge.
Ich begann sie allmählich zu hassen.

Adolf Hitler, *Mein Kampf,* über die Juden

WIR FEIERN KEIN WEIHNACHTEN MEHR. Früher wollten meine Eltern, dass ich an den Weihnachtsmann glaube wie die anderen Kinder auch; Rosie war die ganze Woche damit beschäftigt, Dekorationen aus Papier und buntem Wollfilz zurechtzuschneiden. Mama und Rosie befestigten Stechpalmenzweige an der Tür und Bänder an den Fenstern. Wie weit weg mir das alles vorkommt! Als ich aus der Schule kam, sah ich die Menschen durch die Kälte eilen, voller Ungeduld, endlich wieder bei ihren Familien zu sein. Hinter den von Kerzen erleuchteten Fenstern sah man Weihnachtsbäume, behängt mit Lichterketten und Weihnachtsschmuck. Gegenüber brennt auch Licht. Wer ist bei ihm? Vielleicht ist er allein, denn eine Familie hat er nicht. Oder die Haushälterin ist bei ihm, Frau Winter, deren Name am Klingelschild steht statt seines eigenen. Hitlers SS-Wache macht die übliche Runde. Ich erkenne jeden von ihnen. Der Vollmond erhellt ihre schwarzen Uniformen, die Schirme ihrer Kappen, das glänzende Leder der Stiefel, den Lack der Fahrzeuge. Sie werden eins mit dem Dunkel der Nacht, in der nur ein paar Sterne am Himmel hängen. Schatten bewegen sich hinter den Vorhängen in der zweiten Etage, bei ihm, in der verfluchten Wohnung, in der sich seine Nichte Angela Raubal 1931 eine Kugel in die Brust geschossen hat. Damals kursierten alle möglichen Geschichten um Hitlers Liebschaften. Die ausländischen Journalisten kommentierten sein Privatleben in ihren Zeitungen, die inzwischen verboten sind in Deutschland. Ich höre heute noch, wie meine Eltern am Abend darüber sprachen, während sie glaubten, ich schlafe schon. Ich vermute, »Geli« war Hitlers Freundin. Sie war die Tochter seiner Halbschwester, und seither hat er mit keiner anderen Frau zusammengelebt. Man sagt, das Zimmer des jungen Mädchens sei seit dem Tag ihres Todes unberührt geblieben.

Wie sie ihn wohl angeredet hat? Gewiss nicht *»mein Führer«*, denn das war er noch nicht. Vielleicht mit »mein Onkel«, »Onkel Adolf« oder »Alf«, der Abkürzung von Adolf … Ich weiß es nicht. Es heißt, er habe die Tochter eines seiner Chauffeure geliebt, Jenny, und dann Erna, die Schwester eines Freundes. Er habe Henny den Hof gemacht, der Tochter seines Fotografen Heinrich Hoffmann, dessen Haus ich kenne, und dann auch der Schwiegertochter von Richard Wagner, Winifred. Auch eine Beziehung mit der Engländerin Unity Freeman-Mitford habe er in Erwägung gezogen. Aber die meisten dieser Frauen hatten andere Männer. Als ich klein war, erzählten mir meine Cousins, sie hätten eine von Hitlers Liebschaften nackt am Fenster seines Hauses gesehen. Es handelte sich um die Assistentin seines Hausfotografen Heinrich Hoffmann, der Fotos vom Führer im Schaufenster seines Geschäfts ausstellt. Und dann sei da noch Leni Riefenstahl gewesen, Dorles Idol, die ihn verlassen habe – oder vielmehr habe er sie verlassen, als er herausbekam, dass eine von Lenis Großmüttern jüdisches Blut hatte. Trotz seines Erfolgs bei Frauen lebt er heute allein. Im Konzert lässt man immer einen Platz neben ihm frei. Hitler verkündet, er habe nur eine Begleiterin: Deutschland.

Heute Abend also wird er allein sein. Sein hell erleuchtetes Fenster sieht man von der Straße aus. Hat er einen Weihnachtsbaum? Wir haben keinen.

Die ganze Woche blättert meine Mutter die Werbeanzeigen in den Zeitschriften durch, in denen Luxushotels an der italienischen Riviera angepriesen werden, in San Remo, Campione oder am Lago di Lugano. In einem gibt es ein Casino, in dem man Roulette, Bakkarat oder 30 und 40 spielen kann. Im Festsaal werden Opern, Komödien, symphonische Konzerte und Balletts aufgeführt, Revuen präsentiert und Empfänge ausgerichtet. Es gibt einen Golfplatz mit achtzehn Löchern. In der Anzeige heißt es, das Hotel sei »einzigartig in Europa wegen seines erstklassigen Clubs, des Restaurants und der angebotenen Veranstaltungen«. Meine Mutter schaut sich lange ein Foto an, auf dem eine junge Frau abgebildet ist, die sich »auf unnachahmliche Weise« einen Lippenstift aufträgt. Ich hätte gern einen automatischen Drehbleistift oder einen Füllfederhalter mit sichtbarem Tintenstand und Nachfüllpatrone oder einen Kodatoy-Filmprojektor, um zu Hause Filme ansehen zu können. Hätten meine Eltern eine Fahrerlaubnis, könnten wir ein Auto kaufen. Einen Rennwagen! In einer amerikanischen Wüste, auf einem Salzsee, wird der britische Pilot Malcolm Campbell versuchen, den Rekord von 550 Kilometern pro Stunde zu brechen, am Steuer eines Autos, das *Bluebird* heißt. Es wird von einem Rolls-Royce-Motor angetrieben und kann bis zu 577 Kilometer pro Stunde erreichen. Wie gern würde ich diesen Rennwagen sehen!

Morgen ist Weihnachten. Es kann sein, dass ich kein Geschenk bekomme. Dorle ist dieses Jahr nicht bei uns. Sie hat ein Baby bekommen. Das junge Dienstmädchen ist bei den Eltern ihres Verlobten zum Essen eingeladen. Wir sind zu dritt, also unter uns. Schweigend essen wir. Nur das Klappern des Bestecks auf den Tellern ist zu hören, und die Geräusche von draußen, die bis zu uns dringen. Mama möchte nicht, dass wir während der Mahlzeiten Radio hören, und Papa will nicht über Politik reden. Niemand sagt etwas. Ich möchte schlafen gehen. Seit meiner Bar Mitzwa denke ich, es hat überhaupt keinen Sinn, Weihnachten zu feiern, denn es ist für uns weder ein religiöses Fest noch ein Volksfest, und wir Juden werden sowieso nicht mehr als Teil der deutschen Nation betrachtet. Wozu sollte man also den Schein wahren?

Der 25. Dezember war ein gewöhnlicher Tag, ohne Geschenke. Die Tage sind öde und langweilig. Die Lebensfreude ist wie weggeblasen. Im Haus sprechen die Leute nicht mehr miteinander. Ich gehe nicht mehr zur Brotzeit zu Herrn Funk, und er kommt nicht mehr ins Haus. Tante Bobbie war lange nicht da. Gerüche hängen in der Luft, sie dringen bis zu uns wie der eiskalte Januarwind, der durch die Fenster kriecht.

Im Konzentrationslager Dachau werden die Menschen nach Kategorien sortiert und eingepfercht. Kommunisten auf die eine Seite, Katholiken auf die andere, Homosexuelle in eine Baracke, Zigeuner in eine andere. Die Juden, die sich beschweren, werden verhaftet. Manche sagen, sie werden getötet, andere wiederum behaupten, man behandele sie nicht allzu schlecht. Wem soll man glauben? Auf der Straße habe ich ein Gespräch aufgeschnappt. Eine ältere Dame sagte zu einer Freundin:

– Und dann ist Hitler auch noch im Gefängnis gelandet! Aber er ist ganz gut davongekommen: Er hat gesagt, es sei besser gewesen als jede Universität und dass er dort *Mein Kampf* geschrieben hat. Also? Warum soll man immer alles dramatisieren?

*

Meine Eltern streiten sich und ändern andauernd ihre Meinung. An einem Tag sagen sie, wir müssten sofort weg, egal wohin, am nächsten Tag dann heißt es, wir würden nirgends je wieder so glücklich sein wie zu Hause. Hundertzwanzigtausend Juden haben Deutschland bereits verlassen, das heißt jeder Fünfte. Meine Mutter will nach Frankreich oder England:

– Dort kann ein Jude Premierminister werden. Und im Übrigen sind schon fünfundzwanzigtausend Juden hingezogen.

Tonlos entgegnet mein Vater:

– Mein Schatz, die meisten dieser Deutschen sind ohne Visum abgereist und müssen jetzt fürchten, interniert zu werden. Das hat mir Lion gesagt. Und außerdem darf man nie etwas idealisieren, das weißt du genau. Vergiss nicht, dass der moderne Antisemitismus von dort kommt; aus Frankreich, aus dem Kopf eines Geisteskranken namens Joseph Arthur de Gobineau. In Großbritannien gab es einen anderen Verrückten, Houston Stewart Chamberlain. Er war es, der die arische Rassentheorie erfunden hat. Hitler hat das übernommen, wobei er vergaß, dass nach Ansicht seines guten Herrn Chamberlain die Deutschen gar nicht dazugehören.

Mein Vater würde lieber in die USA auswandern. Er greift seine Argumentation wieder auf:

– Fünfzehntausend von uns sind schon dorthin emigriert. Heute gibt es dort weltweit die meisten Juden: viereinhalb Millionen. Man sagt, jeder vierte New Yorker sei Jude.

Mein Vater weiß nicht, wie er die Visa beschaffen soll. Wie jeden Abend nimmt er sich die Liste der Länder vor, in die wir gehen könnten. In Polen leben drei Millionen Juden – das sind 10 Prozent der Bevölkerung –, sie werden jedoch fortlaufend schikaniert. In Österreich gibt es nur zweihunderttausend, aber dort ist es noch schlimmer. In Russland sind es zwei Millionen siebenhunderttausend, und sie werden niedergemetzelt, außerdem ist es ein kommunistisches Land. In Spanien gibt es viertausend Juden, da wiederum herrscht Bürgerkrieg. Einig sind sich meine Eltern darin, dass Palästina die denkbar schlechteste Variante wäre. Sie lesen jede Menge Bücher und Zeitschriften, die auch Statistiken enthalten: Danach gibt es fünfzehn Millionen achthunderttausend Juden weltweit, 38,6 Prozent von ihnen gehen einer Arbeit im Handel nach, 36,4 Prozent sind in der Industrie beschäftigt, 6,3 Prozent freiberuflich, 4 Prozent in der Landwirtschaft, 2 Prozent als Hausangestellte und 12,7 Prozent sind nach diesen Angaben Privatiers, im Ruhestand oder Fürsorgeempfänger.

– Aber wie kann man derartigen Zahlen trauen, sagt mein Vater.

Und nichts passiert. Ich gehe zur Schule und nach Schulschluss komme ich wieder heim. Unser Nachbar reist weiter umher: An einem Tag ist er zu Hause, am nächsten in Berlin, dann wieder im Berghof in Berchtesgaden. Abends hören wir ihn im Radio brüllen. Manchmal begegne ich ihm morgens. In dem Maße, wie unsere

Welt zusammenschrumpft, vergrößert sich seine. In meiner Vorstellung suche ich weiter nach Fluchtwegen, ich lese, ich träume, ich reise in Gedanken.

*

Das Haus der Deutschen Kunst vis-à-vis von unserem Zahnarzt, zu dem auch Hitler geht, wurde letztes Jahr fertiggestellt, als ich in Berlin war. Außerdem zeigt man im Galeriengebäude am Hofgarten Werke von Künstlern, denen vorgeworfen wird, sie würden mit ihrer »entarteten Kunst« den edlen germanischen Geist verderben. Meine Mutter ist hingegangen, weil sie wusste, dass sie nie wieder so viele Kunstwerke auf einmal sehen würde. Sie beschrieb mir die Warteschlange, die die gesamte Fassade des monumentalen Baus entlangführte, und die Werke, die man drinnen zu sehen bekam, von den Dadaisten, Kubisten, Expressionisten, Fauvisten, Impressionisten, Surrealisten und Futuristen. Es waren die Originalgemälde jener Künstler, von denen ich meine Eltern so oft habe sprechen hören – Marc Chagall, Max Ernst, Paul Klee und Pablo Picasso.

Diese Woche feierte unsere Stadt den Tag der Deutschen Kunst. Antike Karren zogen durch die Straßen, junge Mädchen, als Vestalinnen verkleidet, verstreuten Blütenblätter im Wind. Mama und ich haben sie vom Fenster aus vorbeigehen sehen, halb versteckt hinter den farbigen Bannern, die wir an diesem Tag aufhängen mussten. Die jungen Leute, die wie römische Bürger angezogen waren und Sandaletten trugen wie die alten Römer, marschierten lautlos in der milden Wärme des beginnenden Sommers. Der pastellblaue Himmel färbte sich zart rosa. In meinem Geist vermischt sich diese Erinnerung mit den Bildern, die mir meine Mutter beschrieben hat. Auf der anderen Straßenseite, am Balkon des Hauses gegenüber, zu dem sich die Arme der vorbeiziehenden Menschen emporreckten, sah ich die Umrisse unseres Nachbarn.

Obwohl Adolf Hitler Österreicher ist, regiert er Deutschland. Er ist auf dem Land aufgewachsen, bevor er nach Wien gegangen ist, wo ich nie gewesen bin. Er wäre gern Maler geworden wie der Herzog, dessen Bilder in Tante Bobbies Wohnung hängen. Ich weiß noch, dass er mir erlaubte, mit seinem Pinsel auf eines seiner Bilder Farbe aufzutragen. Er ermunterte mich, eine Farbe auszuwählen, den Pinsel einzutunken und einen Fleck auf die impressionistische Landschaft zu setzen, die er gerade malte. So wie er und wie alle »entarteten« Künstler malte auch Hitler gern Landschaften. In Wien hatte er sich Künstlerfreunde zugelegt, einige von ihnen waren Juden. Und in Wien hat er nach dem Tod seiner Mutter – er war bereits Halbwaise – auch die ersten Niederlagen erlebt: Armut und Misserfolg. Mein Vater ist der Ansicht, diese Demütigungen sind der Grund für seine Brutalität. Wien ist damit die eigentliche Wiege des Nationalsozialismus. Die Hitleranhänger dort sollen noch fanatischer sein als bei uns. Seit einigen Tagen reden alle nur von Österreich: meine Klassenkameraden, die Radiomoderatoren, die Zeitungen, die von den schreienden Verkäufern angepriesen werden, meine Eltern ebenso wie unbekannte Leute in der Straßenbahn … Auch die Staatspräsidenten anderer Länder reden davon.

Als ich nach Hause kam, sprach mein Vater in seinem Büro mit einem Mann, den ich nicht kannte. Als ich die Tür öffnete, drehten sie sich zu mir um.

– Mein Sohn, sagte Papa, ohne mir seinen Gesprächspartner vorzustellen.

Es war ein hochgewachsener Mann, der mir äußerst elegant vorkam. Seine langen, schlanken Hände ruhten auf den übereinandergeschlagenen langen Beinen. Mein Vater nahm das Gespräch wieder auf:

– Hitler will, dass Österreich und Deutschland wieder eins sind wie früher. Er will Österreich annektieren. Beim Rheinland ist es ihm gelungen, und viele Österreicher, die sich den größenwahnsinnigen Ideen ihres ehemaligen Landsmanns angeschlossen haben, träumen ebenfalls davon. Mussolini hat sich anfangs noch dagegen gesträubt, aber das hat sich geändert. Er scheint sich übrigens den Visionen unseres Reichskanzlers von Tag zu Tag mehr anzuschließen: Auch in Italien haben die Juden nicht mehr die gleichen Rechte wie die anderen. Frankreich, Großbritannien und die USA sind offiziell gegen diesen Anschluss. Aber sie haben nichts unternommen, als sich der Führer das Rheinland einverleibt hat. Warum sollten sie diesmal etwas unternehmen?

Ich habe mich verdrückt, um in meinem Zimmer auf dem Bett zu lesen. Als ich etwas später die Tür zuschlagen hörte, wusste ich, dass der Arbeitstag meines Vaters zu Ende war. Ich nahm meine Lektüre wieder auf.

*

Auch diese Nacht wachte ich von einem Getöse auf.

Ich habe einmal gelesen, dass bei einem Erdbeben die Möbel hin- und hergeschoben werden, die Kronleuchter wackeln und manchmal sogar herunterfallen, die Schaufenster zerspringen und auf den Gehsteig krachen. Wenn die Erde so bebt, bröckeln die Häuser und stürzen ein, auch die anderen Gebäude und die Kirchen. In der Nacht des 30. Juni 1934, als die SS die SA vertrieben hat und Adolf Hitler Ernst Röhm aus seinem Bett holen und verhaften ließ, vibrierten die Fenster in meinem Zimmer, und ich erinnere mich, dass die Regentropfen immer schneller auf die Scheiben prasselten. Ich war aufgestanden, um die Soldaten zu beobachten, die sich an den Autos zu schaffen machten. Der Motorenlärm hatte die Anwohner geweckt, die ans Fenster stürzten. Die Wohnung des Führers gegenüber leuchtete wie ein Scheinwerfer im Nebel. Ich habe nicht gesehen, wie er aus dem Haus ging und auf dem Beifahrersitz seiner Limousine Platz nahm, um den Befehl zur Abfahrt zu erteilen. Die

Kohorte setzte sich ruckartig in Bewegung und fuhr mit lautem Getöse in Richtung Seen.

Heute Morgen ließen ein metallischer Lärm, schroff hervorgebrachte Befehle, dumpfe, heisere Stimmen und der donnernde Lärm von Automobilen mit krachenden Motoren die Fenster in unserem Haus erneut vibrieren. Wie in der Nacht vom 30. Juni 1934 ging das Licht in den Fenstern der Nachbarhäuser an und, verborgen hinter den Vorhängen, zeigten sich Silhouetten von Menschen, die das Geschehen an der Straßenecke beobachteten. Am linken Ende des Prinzregentenplatzes, an der Ecke, wo jener Rundbau steht, ist hinter der Balkonbrüstung, dort, wo sich Hitlers Wohnzimmer, sein Büro, sein Schlafzimmer befinden, das Licht ebenso angeknipst wie bei uns allen. Die behelmten Soldaten mit den grünen Uniformen beladen die Fahrzeuge. Ich bemerke meine Eltern, die aufgewacht sind und das Geschehen durch den Vorhang aus Tüll beobachten. Plötzlich setzt sich eine unvorstellbare Kolonne von immer mehr Autos in Bewegung und verschwindet am Ende der Straße in einem Nebel aus schwarzem Rauch. Das Donnern hallt noch in meinen Ohren wider. Meine Mutter vergräbt ihr Gesicht in den Armen meines Vaters. Ich drücke mich an sie. Ich spüre Papas Finger in meinen Locken, er streichelt mich im Nacken, ich schließe die Augen.

*

Gestern sind wir in Österreich einmarschiert, am Samstag. Unsere Truppen haben die Grenze überquert und sind bis nach Wien vorgedrungen. Die Österreicher haben sie mit Blumen und Hakenkreuzfahnen begrüßt. Kanzler Kurt von Schuschnigg reichte bei Bundespräsident Wilhelm Miklas seinen Rücktritt ein, den dieser annahm. Papa wiederholt den Satz, den von Schuschnigg gesagt hat und macht dabei seine näselnde Stimme nach:

– »Wir haben, weil wir um keinen Preis, auch in dieser ernsten Stunde nicht, deutsches Blut zu vergießen gesonnen sind, unserer Wehrmacht den Auftrag gegeben, für den Fall, dass der Einmarsch durchgeführt wird, ohne wesentlichen Widerstand sich zurückzuziehen.«

Er setzte hinzu, dass der Chef der nationalsozialistischen Partei in Österreich, Arthur Seyß-Inquart, zum Bundeskanzler ernannt wurde. Dann berichtet er von dem, was er gelesen und was ihm seine Kontaktmänner in Österreich, Berlin, London und Paris zugetragen haben.

Es ist wie im Film. An der Spitze des Trosses fuhr der Mercedes-Benz G4, den wir im Nieselregen haben losfahren sehen, gegen 16 Uhr erreichte Hitler sein Heimatdorf, Braunau am Inn, an der österreichischen Grenze, wo sein Vater als Zollbeamter tätig war, was Papa zu der Bemerkung veranlasste:

– Offensichtlich liegt diese Obsession für die Grenzen in der Familie!

Dann fuhr Hitler weiter. Um 19 Uhr war er in Linz, wo er zwischen seinem neunten und sechzehnten Lebensjahr zur Schule ging. Abends, auf dem Balkon des Rathauses am großen Platz, jubelte man ihm zu. Am nächsten Tag, dem Sonntag, blieb er in Linz, der Stadt seiner Jugend, besuchte das Haus in Leonding, in dem er als Kind gelebt hat, und legte am Grab seiner Eltern einen Blumenstrauß nieder. Am Montag stieg Hitler wieder in sein Auto, stellte sich aufrecht hin und fuhr mit erhobenem Arm durch Melk und Sankt Pölten, wo die Massen seinen Namen schrien und kleine Hakenkreuzfahnen schwenkten. Um 18 Uhr kam er im Hotel Imperial in Wien an. Vom Balkon aus rief er, niemand könne das Deutsche Reich, wie es jetzt existiere, wieder trennen. Am nächsten Tag kamen zweihundertfünfzigtausend Menschen auf den Heldenplatz, um seine Rede anzuhören. Österreich wurde durch den Anschluss ein Teil Deutschlands und heißt fortan »Ostmark«, Arthur Seyß-Inquart wurde indes zum

Reichsstatthalter bestellt. Zuvor war Hitler am Grab seiner Nichte Geli gewesen, die sich in seiner Wohnung das Leben genommen hatte. Das einfache Holzschild auf ihrem Grab trug die Inschrift: »Hier schläft den ewigen Schlaf unsere so heißgeliebte Geli. Sie war unser aller Sonnenschein. Geb. am 4.6.1908, gest. am 18.9.1931. Familie Raubal.« Tagsüber wurden die Wiener Juden vor ihre geplünderten Geschäfte gezerrt und unter dem Blick der Passanten und Parolen wie »Tod den Juden!« in die Knie gezwungen.

*

Hitler fuhr direkt wieder nach München. Für seine Rückkehr wurden Absperrungen vom Bahnhof bis vor unser Haus errichtet. Vom Fenster aus konnten wir den Tross schon von Weitem herannahen sehen, bis er vor der Außentreppe haltmachte. Hitler grüßte kaum merklich die kleinen Gruppen vereinzelter Schaulustiger und verschwand dann in der Eingangshalle seines Hauses. Ich war erstaunt, dass sich nur wenige Leute eingefunden hatten. Das hatte nichts mit den Menschenmassen in Österreich zu tun, die erneut die Titelseiten der Zeitungen füllten.

*

Es ist beinahe einen Monat her, dass Österreich annektiert wurde. Der britische Premierminister Neville Chamberlain warnte davor, jetzt »voreilige Entscheidungen zu treffen oder unvorsichtige Worte fallen zu lassen«. Und er fügte noch hinzu: »Wir müssen die neue Situation mit kühlem Kopf analysieren.«

– Und er hat nichts unternommen, sagt Papa. Nicht mehr als die Franzosen oder Amerikaner.

In Österreich und Deutschland wurde eine Volksabstimmung organisiert. Die Frage, die zur Entscheidung stand, lautete: »Bist Du mit der am 13. März 1938 vollzogenen Wiedervereinigung Österreichs mit dem Deutschen Reich einverstanden und stimmst Du für die Liste unseres Führers Adolf Hitler?« 99,08 Prozent der Deutschen stimmten mit »Ja«. Die Österreicher waren mit 99,75 Prozent Ja-Stimmen noch zahlreicher dafür.

Es heißt, in Österreich seien Juden, Sozialdemokraten, Christdemokraten und Kommunisten verhaftet und in Lager gesperrt worden, andere habe man nach Deutschland gebracht und in Dachau interniert, also hierher, in die Nähe von München. Was wird aus ihnen? Wie lange bleiben sie in Haft? Wie werden sie behandelt? Die Familien werden nicht informiert. Aus den ausländischen Zeitungen, die über den Anschluss Österreichs berichten, geht hervor, dass die großen Staatsmänner weitere Eroberungszüge fürchten. Über uns macht sich nie jemand Sorgen. Vor wenigen Tagen haben die Nationalsozialisten auch unsere Synagoge vollständig zerstört.

– Sie war Hitler im Weg. Es hat nicht gereicht, dass er ihr beim Essen den Rücken zuwendete, wenn er im Restaurant gegenüber aß. Das Bauwerk verursachte ihm offenbar Probleme mit der Verdauung, scherzte Papa.

Wir wollten uns die Überreste ansehen. Doch es ist nichts mehr übrig. Nur eine große Leere. Warum gehen wir nicht weg aus diesem Land, das nicht mehr das unsere ist? In der Schule spreche ich mit niemandem mehr. Ich gehe am Morgen hin und am Nachmittag wieder nach Hause. Im Klassenraum lerne ich. In der Pause lese ich. Ich will nicht mehr auffallen, nicht einmal mehr gesehen werden. Ich bin unsichtbar. Ralph und die anderen bemerken mich nicht mehr. Nie werde ich an die Tafel gerufen. Ich weiß, wie man sich unsichtbar macht und den Blick der Mitschüler und selbst der Lehrer meidet. Im Sportunterricht war ich immer der Schnellste beim Seilklettern. Jetzt mache ich absichtlich langsamer, um nicht mehr Erster zu sein. Ich möchte vergessen werden, nicht mehr existieren, bis wir abgereist sind, nach Chile, Cuba oder Argentinien, die einzigen Länder, in denen Juden akzeptiert werden – vorausgesetzt, sie bezahlen ihr Visum.

Ein Freund meines Vaters, ein argentinischer Diplomat, sagt, wir müssten um jeden Preis weggehen, da die Nationalsozialisten und Faschisten die Macht in allen Ländern des Kontinents an sich reißen würden und die Juden bald überall in Gefahr seien. Die Zeitungen berichten, auch in England verführe die extreme Rechte die Massen.

– Wenn das so ist, entgegnete mein Vater, könnte es dann nicht sein, dass auch die USA in den Sog geraten?

Und dieser Freund mit dem ausländischen Akzent, der das *r* nach bayerischer Art rollte und der an diesem sonnigen Nachmittag im Büro meines Vaters vorbeigekommen war, sagte nur:

– Gut möglich ...

*

Hitler hat beschlossen, dass jeder Deutsche bald sein eigenes Auto haben soll. Genauer gesagt, jeder Nationalsozialist. Die Parteimitglieder dürfen sich schon jetzt an seinem Projekt beteiligen. Man muss der Gemeinschaft »Kraft durch Freude« angehören, die zur Deutschen Arbeitsfront gehört. Sie hat am 1. Mai 1933 die aufgelösten Gewerkschaften ersetzt – ich erinnere mich an diesen Tag, meine Lehrerin hat uns eine Zeichnung anfertigen lassen, und ich glaube, Mama hat sie irgendwo aufbewahrt: ein Hakenkreuz vor einem Hammer als Versinnbildlichung der Überlegenheit des Nationalsozialismus über den Bolschewismus. Die KdF organisiert nahezu kostenlose Ferien für ihre Mitglieder, fünfundzwanzig Millionen Deutsche haben schon davon profitiert. Kein einziger Jude, versteht sich. Papa sagt, man müsste ihm viel Geld bezahlen, dass er bei so einer Reise mitmachte. Man wird in einem riesigen Gebäude ohne jeden Charme untergebracht und sonnt sich tagsüber am Rand eines viel zu kleinen Swimmingpools. Man muss sogar Sportübungen in der Gruppe machen. Die gerade fertiggestellte *Wilhelm Gustloff* wurde bereitgestellt, um allen Deutschen die Gelegenheit zu geben, ein Mal in ihrem Leben eine Kreuzfahrt zu machen. Das ist ein Passagierschiff, das mehr als 208 Meter lang und 23 Meter hoch ist – so hoch wie unser Haus. Wenn es hier vor Anker ginge, würde es die ganze Straße einnehmen. Wir könnten uns mit Hitler auf der Schiffsbrücke treffen, auf halbem Weg zwischen unseren Wohnungen.

Die KdF bietet jetzt also jedem seiner Mitglieder ein Auto an: den KdF-Wagen. Er ist rund wie ein Marienkäfer, man könnte meinen, es sei ein Luftschiff. Er kann vier Personen bei einer Geschwindigkeit von mehr als 100 Kilometern pro Stunde transportieren und kostet keine 1000 Reichsmark, 990 um genau zu sein. Hitler hat es auf die Tischdecke eines Restaurants gemalt, der Osteria, glaube ich, und Ferdinand Porsche, ein alter Ingenieur bei Mercedes, hat ihn nach seinen Vorgaben entworfen. Porsche hat in den USA gearbeitet, wo er die Produktionsmethoden von Henry Ford studierte, einem Freund des Führers. Die KdF-Mitglieder können schon jetzt ein Konto eröffnen, von dem monatlich 50 Reichsmark abgehoben werden. Am Ende des Vertrags wird ihnen das Auto dann zugestellt. Die Lieferung kostet nur 50 Reichsmark extra. Bis dahin werden kilometerlange Autobahnen gebaut sein. Das Modell gibt es in den Ausführungen mit Schiebedach oder mit vollständig aufklappbarem Verdeck. Sein revolutionärer Motor ist hinten im Fahrgestell untergebracht und der dem Cockpit eines Flugzeugs nachempfundene Innenraum ist nahezu aeronautisch gestaltet. Wir haben zu Hause eine Verkaufsbroschüre, in der alles erklärt wird. Darin ist Hitler in Uniform zu sehen, wie er die erste Lieferung mit jungen Leuten vor deren Erdgeschosswohnung feiert, dann noch große und saubere Fabriken und eine farbige Zeichnung, auf der der KdF-

Wagen eine kurvige Bergstraße hinauffährt. Leider werden wir nie einen haben, da es Juden verboten ist, der KdF beizutreten. Und wenn wir eines Tages Deutschland verlassen? Ich möchte gern woanders leben …

*

»Wenn Chamberlain Urlaub macht, fährt er in ein anderes Land. Wenn Hitler in den Urlaub fährt, nimmt er ein anderes Land.« Mein Vater sammelt unterhaltsame Geschichten über den Führer. Er sagt, er habe sie aus London – ich aber glaube, er erfindet sie. Seltsamerweise kommt es mir so vor, als werde er umso lustiger, je trauriger ihm zumute ist. Je kleiner unsere Welt wird, je mehr wir ausgegrenzt werden, desto mehr lachen wir zu Hause.

*

Seit einigen Tagen ist die Rede davon, dass die Tschechoslowakei besetzt werden soll. Dort lebt Tante Bella. In diesem Land, das ich nicht kenne, an der Grenze zu Österreich, das jetzt Deutschland ist, leben eine halbe Million Menschen deutscher Sprache und Herkunft. Es sind die Nachkommen jener Deutschen, die der König von Böhmen einst zum Arbeiten ins Land geholt hatte. Die meisten von ihnen leben in den Gebieten der Sudeten und Karpaten. Hitler, von Geburt her Österreicher, lässt keinen Zweifel daran, dass sie vollwertige Deutsche sind so wie er, und die tschechischen Nationalsozialisten sehen das auch so. »Am Wochenende, wenn Daladier aufs Land fährt, tut Hitler das auch«, kommentierte mein Vater und entnahm den Zeitungen, dass der Führer jetzt offen die Annektierung dieses Gebietes forderte, um die Sudetendeutschen vom tschechoslowakischen Joch zu befreien.

– Sieh mal, mein Schatz, spöttelt Papa. Unser Freund Adolf wird uns die gleiche Komödie vorspielen wie bei Österreich. Konrad Henlein, der Marionettenchef der Sudetendeutschen Heimatfront … Ach, nein, entschuldige! Sie mussten ihren Namen ändern: Sudetendeutsche Partei klingt viel friedlicher! Ja, also Konrad Henlein, dieser Nazi unter den Sudeten, wird die Unabhängigkeit seiner Region fordern, im Namen des Selbstbestimmungsrechts der Völker, und unser lieber Adi wird ganz schnell seine Truppen an der tschechoslowakischen Grenze zusammenrotten. Fehlt nur noch, dass er der ganzen Welt den Krieg erklärt, wenn man ihn nicht über die Grenze lässt, um endlich seine Blutsbrüder, die mit Blumensträußen auf ihn warten wie auf den Messias, in die Arme zu schließen. So hat er es beim Saargebiet gemacht, beim Rheinland und mit Österreich, bei den Sudeten und Karpaten wird es genauso sein, und dann greift er nach der gesamten Tschechoslowakei, und danach kommt Polen an die Reihe und vielleicht Holland, Frankreich und, wer weiß, warum nicht gleich auch noch die Sowjetunion und die USA? Hitler ist ein Pazifist, und der Beweis: Er will keinen Krieg, er schützt nur die deutschen Bevölkerungsgruppen. Er besetzt die Länder nicht, er annektiert sie einfach. Ohne Waffengewalt, denn man gibt sie ihm auch so. Man braucht nicht zu kämpfen, es genügt schon, für ihn zu stimmen, und schon hat man teil an seinen launischen Einfällen. Er erinnert mich an schlecht erzogene Kinder, denen man alles durchgehen lässt, weil sie sich sonst auf dem Boden wälzen. Wehe denen aber, die nicht »reinen Blutes« sind … Kommunisten, Demokraten, Homosexuelle, Kranke, Zigeuner und, natürlich, Juden – ab ins Gefängnis! Die Säuberung hat in Wien schon begonnen, und sie geht in München jeden Tag weiter, im Konzentrationslager Dachau.

– Aber in Dachau gibt es nicht Platz für alle Völker Europas, gibt Mama zu bedenken. Jetzt sei endlich still, das ist alles Blödsinn. Und du machst Bürschi nur Angst.

– Aber ich scherze doch nur, meine Liebe. Du hast doch keine Angst, oder, mein kleiner Bürschi?

Ich gehe zu ihm hin, er nimmt mich in den Arm, und ich denke an Tante Bella, die glaubte, der Gefahr entkommen zu können, wenn sie in Prag lebt. In Berlin hatte sie mir stolz ihren Pass gezeigt und mich ermuntert, meine Eltern zu überreden, ihr zu folgen.

– Wir haben gut daran getan, nicht dorthin zu gehen, sagt mein Vater, als ob er meine Gedanken lesen könnte. Direkt vor ihren Augen sind wir sicherer. Sein Genie ist so groß, dass er vergisst, aus dem Fenster zu sehen. Wenn er wüsste!

Alles kam so, wie mein Vater es vorausgesagt hat. In den Sudetengebieten misshandeln die paramilitärischen Einheiten von Konrad Henlein ohne Unterlass die sogenannte nichtarische Bevölkerung und liefern sich Gefechte mit den regulären Streitkräften. Hitler hat angekündigt, unsere Truppen über die Grenze zu schicken, um da ein bisschen Ordnung zu machen. Frankreich und England, die Bündnispartner der Tschechoslowakei, hätten unmissverständlich zum Ausdruck bringen müssen, dass sie uns den Krieg erklären, sollte die Wehrmacht einen Fuß auf tschechoslowakischen Boden setzen. Stattdessen sind der Franzose Éduard Daladier und der Engländer Neville Chamberlain nach München gekommen, um sich die Argumente der Nationalsozialisten anzuhören, weil sie auf einen ehrenhaften oder zumindest akzeptablen Kompromiss hofften. Der amerikanische Präsident Roosevelt hat zum Frieden aufgerufen.

– Sie wollen alles – außer den Krieg, erklärt mein Vater meiner Mutter. Aber Hitler will den Krieg. Und er wird solange weitermachen, bis er ihn bekommt. Das steht schwarz auf weiß in seinem Buch.

Als Vermittler auf Friedensmission wurde Chamberlain im Berghof in Berchtesgaden empfangen, nicht weit von hier in den Bergen, die man im Sommer von den Seen aus sieht. Nach einem

Spaziergang vor der Alpenkulisse und einem vegetarischen Mittagessen reiste der britische Premier wieder ab, ohne dass er etwas anderes erreicht hätte als einen unangenehmen Schlagabtausch: Hitlers Stimmung sei nicht sonderlich gut gewesen, so die Diplomaten.

– Er muss mit ihm gesprochen haben wie mit irgendeinem kleinen Bürokraten, übersetzt mein Vater.

Und lachend fügt er hinzu:

– Vielleicht sogar wie mit einem Juden. Wer weiß?

Zurück in London und nach Rücksprache mit seinem französischen Kollegen, willigte Neville Chamberlain ein, noch einmal wiederzukommen, um weiter zu verhandeln. Jetzt sind sie beide da, an der Straßenecke.

– Benito Mussolini wurde auch zu dieser Maskerade eingeladen, murmelt Papa, als ob er einer der Verhandlungspartner wäre.

Unsere Wohnung gleicht einem Vorzimmer der Konferenz. Auf dem Schreibtisch meines Vaters türmen sich die Zeitungen. Zu sehen sind Adolf Hitler im Zweireiher mit der nationalsozialistischen Hakenkreuz-Armbinde, Benito Mussolini in Militäruniform, Neville Chamberlain, der aussieht wie ein Großstadtbankier, und Éduard Daladier im weißgestreiften grauen Anzug. Alle zusammen im Münchener Führerbau. Ebenfalls anwesend sind der imposante Hermann Göring in weißer Festtagsuniform mit dem Marschallsstab in der Hand und Graf Ciano, der gerade von seinem Schwiegervater, dem Duce, zum jüngsten Außenminister Europas ernannt worden ist. Das war vorgestern, am 29. September. In der Nacht wurde der Friedensvertrag unterzeichnet.

– Behalte diesen Tag im Gedächtnis, sagte Papa zu mir, genau wie den 30. Januar 1933, den Tag, als unser Nachbar Reichskanzler geworden ist. Vergiss diesen 30. September 1938 nie im Leben, Bürschi, den Tag, an dem Frankreich und England die Tschechoslowakei den Nazis überlassen haben.

Am nächsten Tag, kurz nach 12 Uhr, lud Hitler Neville Chamberlain zu sich zum Tee ein. Als sich die gewaltige Autokolonne mit dröhnenden Motoren in Bewegung setzte, sah es so aus, als würden sich riesige schwarze Adler in den Himmel erheben. Für mich war es ein Tag wie jeder andere, ein strahlender Freitagnachmittag im Herbst. Ich ging auf die andere Seite des Gehsteigs, als ich von der Schule kam, zumal unser Führer dem alten Lord gerade unsere Straße zeigte. Später machten sie Halt vor dem Gasthaus Bürgerbräu, wo Hitler seine ersten Reden gehalten hatte, um anschließend zum Platz an der Feldherrnhalle zu gehen. Hier war er im Jahr 1923 mit seinem Putschversuch gescheitert. Hitler machte vor dem Bauwerk die knappe Geste eines Priesters, der sich vor Christus bekreuzigt. Mussolini kehrte noch in derselben Nacht nach Italien zurück. Daladier, der die Einladung abgelehnt hatte, war auf dem Weg nach Paris. Und unser Leben ging seinen gewohnten Gang.

*

Nach der Konferenz vom 29. September 1938, noch während Chamberlain und Daladier zu Hause wie »Helden« empfangen wurden, hat sich unser Reich das Sudetengebiet einverleibt und damit in einer Nacht sein Territorium um 30 000 Quadratkilometer vergrößert. Der Frieden des Dritten Reichs werde tausend Jahre dauern, hat Hitler verkündet. In den folgenden Tagen haben unsere Truppen dann weitere Gebiete in Besitz genommen. Anfang Oktober besetzte Polen die tschechoslowakische Stadt Teschen und das Olsagebiet. Am 1. November marschierte Polen in die nördlichen Regionen Zips und Orawa ein, am 2. November annektierte Ungarn weitere slowakische Gebiete, Oberungarn und das subkarpatische Ruthenien. Innerhalb von zwei Monaten hat die Tschechoslowakei 40 000 Quadratkilometer Landesgebiet und fast fünf Millionen Einwohner verloren.

Hier in München wurden an den Türen der öffentlichen Gebäude Schilder aufgehängt, auf denen zu lesen war »Für Juden verboten«. An den jüdischen Geschäften wurden rote Davidsterne angebracht, und dann hat man ihre Schaufenster eingeschlagen.

Am 7. November hat ein junger Mann in Paris einen nationalsozialistischen Diplomaten getötet, Ernst vom Rath. Der Mörder ist ein deutscher Jude mit Namen Herschel Grynszpan. In einem Brief, den er seinem Onkel hinterlassen hat, hieß es, er habe das getan, um die ganze Welt auf sich aufmerksam zu machen.

Ernst vom Rath ist heute, am 9. November, gestorben, trotz einer Behandlung durch Hitlers Leibarzt. In München wird mit großem Pomp der gescheiterte Putsch von 1923 gefeiert: Die SS zieht durch die ganze Stadt. Im Radio wird bekannt gegeben, dass der Diplomat gestorben sei. Auf der Straße sind Schreie zu hören, Explosionen, klirrendes Glas. In der Nacht färbt sich der Himmel orangerot.

Meine Mutter sagt nichts.

Papa ist weiß im Gesicht. Das Telefon klingelt ununterbrochen. Mit zitternder, schwacher Stimme sagt er zu meiner Mutter, was er von seinen Freunden erfahren hat:

– Die Synagoge in der Herzog-Rudolf-Straße steht in Flammen. Sie plündern die gebrandmarkten Geschäfte. Überall in Deutschland: in Marburg, in Tübingen, in Köln, in Leipzig, in Esslingen, in Treuchtlingen. In Wien zünden sie die Synagogen an, schänden die Friedhöfe und töten die Juden. Sie verprügeln Frauen, Alte, Kinder. Wir müssen weg.

– Aber wie willst du das anstellen, Ludwig, mein Schatz, wie? Sieh nach draußen, sie sind verrückt geworden. Und wo sollen wir hin?

– Das sehen wir morgen. Machen wir das Licht aus und die Vorhänge zu, lass uns die Tür abschließen und gehen wir schlafen. Morgen reisen wir ab.

*

Als ich allein in meinem Zimmer war, konnte ich nicht einschlafen. Von meinem Bett aus hörte ich nur die Schreie auf der Straße und sah den brennenden Himmel, der die Vorhänge an meinem Fenster aufleuchten ließ. Ich habe einen Alptraum, ich träume, jemand hämmert an die Tür. Nein, es ist kein Traum, da klopft wirklich jemand an unsere Haustür. Jetzt sind sie da. Die Gestapo steht vor der Tür. Sie sucht meine Familie. Sie sind hereingekommen. Sie sind im Wohnzimmer. Es ist noch dunkel. Ich höre sie. Ihre Stimmen klingen grob. Ich höre meinen Vater und meine Mutter reden. Sie haben Angst. Die Männer brüllen meine Eltern an. Sie öffnen die Tür zu meinem Zimmer. Es sind Soldaten. Sie tragen Uniform. Sie machen das Licht an. Meine Mutter ist im Wohnzimmer. Wo ist Papa? Er kommt aus seinem Zimmer. Er ist angezogen, zwei Männer haben ihn am Arm gepackt. Er kommt auf mich zu, nimmt meinen Kopf zwischen seine Hände und küsst mich. Sie nehmen ihn mit. Sie verhaften ihn. Sie verhaften meinen Vater.

– Hab keine Angst, Bürschi!

Er sagt, ich soll mir keine Sorgen machen. Sie werden ihn töten. Nein, ich will mir keine Sorgen machen. Das nützt gar nichts. Das ändert nichts. Sie werden ihn nicht töten. Er ist nicht mehr da. Wir sind allein. Seine Stimme ist nicht mehr zu hören, kein Geräusch mehr. Ich will ihn wiedersehen. Ich will, dass er da ist. Ich will nicht, dass er stirbt. Ich will nicht sterben. Warum wir? Ich möchte die Augen öffnen und aufwachen. Aber leider ist es kein Traum. Es ist die Wirklichkeit. Sie haben Papa verhaftet. Sie haben meinen Vater eingesperrt. Sie haben ihn mitgenommen.

Am Tag danach sind sie wiedergekommen, um die Bücher aus seiner Bibliothek abzuholen. Meine Mutter hat sie gefragt, ob sie sie auch »sicherstellen« werden. Und sie fügte hinzu:

– Was können Sie uns jetzt noch nehmen?

Sie haben uns angesehen, und ich wünschte, sie hätte das nicht gesagt. Sie sind gegangen und haben die Tür offengelassen.

Schon zwei Tage. Ich gehe nicht mehr zur Schule. Sie haben Onkel Fritz verhaftet, Papas Bruder. Tante Erna, seine Frau, die denselben Vornamen hat wie Mama, ist auch da. Meine Mutter tröstet sie. Sie seufzt:

– Man hat mehr als zwanzigtausend Juden in Deutschland und Österreich verhaftet. Was werden sie mit ihnen anstellen?

Die Tage vergehen lautlos.

Fünf Tage. Keine Neuigkeiten.

16. November. Nichts. Tante Erna und meine Mutter haben sich entschlossen, unsere Flucht vorzubereiten. Es heißt, der Besitz der Juden wird beschlagnahmt. Ein Händler kam vorbei und hat die Wertgegenstände in der Wohnung in Augenschein genommen. Am darauffolgenden Tag kam der alte Mann in Begleitung von zwei Möbelpackern wieder, um fortzubringen, was ihm meine Mutter überlassen hat. Den Packern wies er die Objekte mit einem simplen Kopfnicken. Sie haben die Bilder und das Tafelsilber mitgenommen. Der Alte hat meiner Mutter ein Bündel Geldscheine dagelassen:

– Das ist nur Plunder, Sie können sich glücklich schätzen. Wenn Sie wüssten, was ich bei den Bernheimers mitnehmen konnte, das war etwas anderes! Und ich habe ihnen nicht viel mehr gezahlt!

Eine Woche ist vergangen. Wir haben keine Neuigkeiten von meinem Vater. Wir haben neue Personalausweise per Post bekommen. Es sind die Papiere für die Juden. Alle Männer müssen jetzt den hebräischen Vornamen »Israel« an ihren Namen anhängen, für die Frauen ist es »Sarah«.

Ich heiße jetzt Edgar-Israel, mein Vater heißt Ludwig-Israel, meine Mutter Erna-Sarah.

Fritz und Papa sind im Konzentrationslager Dachau. Mama hat es heute erfahren, sie ist mit Tante Erna dort gewesen. Am Eingangsportal des Lagers steht »Arbeit macht frei«. Sie durften nicht hinein. Sie haben ein Essenspaket für sie hinterlegt.

Jetzt sind es zehn Tage. Mama weint viel. Ich darf nicht aus dem Haus gehen. Tante Bobbie kauft für uns ein. Die Vorhänge sind immer zugezogen. Wir leben in der Dunkelheit. Draußen schneit es. Ich ziehe den Vorhang einen Spalt weit auseinander und betrachte die Flocken, die auf der Straße herumwirbeln. Am Abend ist bei Hitler das Licht an.

Heute Nachmittag habe ich Klavier gespielt.

Zwei Wochen; vierzehn Tage und vierzehn Nächte. Nichts.

1. Dezember. Zwanzig Tage. Ich spiele mit dem Dämpfer Klavier, um keinen Lärm zu machen. Ich bin allein zu Hause und darf niemandem die Tür aufmachen.

Mama ist zu einem ehemaligen Autor meines Vaters gegangen, um ihn um Hilfe zu bitten, Dr. Wilhelm Grau. Er ist ein Mitglied des *Reichsinstituts für Geschichte des Neuen Deutschlands*, in dem er die »Forschungsabteilung Judenfrage« leitet. 1934 hat er eine Arbeit über die Jüdische Gemeinde in Regensburg veröffentlicht. Es ist schon dunkel. Sie ist noch immer nicht zurück. Endlich wird die Tür geöffnet. Mamas Augen sind gerötet:

– Er hat mir gesagt, er könne nichts tun.

Heute ist Tante Erna vorbeigekommen. In Dachau gibt es mehr als elftausend Häftlinge.

Bald ist Weihnachten, und wir haben seit sechs Wochen keine Nachrichten von meinem Vater.

Wieder war ich den ganzen Tag allein zu Hause. Mama kam erschöpft zurück. Sie war tagsüber bei diversen Ämtern und hat nichts erreichen können.

Wir erfahren jeden Tag etwas Neues über dieses Lager. Das KZ Dachau wurde in einer alten Munitionsfabrik untergebracht. Die ersten Häftlinge mussten es selbst errichten, mit bloßen Händen mussten sie ihre eigenen Baracken und die der SS bauen, die sie überwachen soll. Man tötet hier Gefangene. Tante Erna hat uns erzählt, dass Hans Beimler, ein Mitglied der KPD, der seit 1933 dort interniert war, die Flucht gelungen ist und er in Großbritannien sowie in der Sowjetunion ein Buch publiziert hat, in dem er vom Leben in diesen Lagern berichtet.

– Aber warum sagen die Russen, Franzosen, Engländer und Amerikaner nichts, fragt Mama. Ich kann nicht begreifen, wie Daladier und Chamberlain mit Hitler Tee trinken konnten, obwohl sie davon wussten. Warum unternehmen sie nichts?

Ich glaube, Papa wird nie wiederkommen.

Es ist über sechs Wochen her.

*

20. Dezember. Er ist wieder da! Aber ich habe ihn kaum wiedererkannt. Er ist ein kleiner, magerer Mann mit kahlrasiertem Schädel, tief in dunklen Höhlen liegenden Augen und einem fahlen Gesicht voller blauer Flecken. Er stand gebeugt an der Tür, die zu groß gewordenen Kleider fielen schlaff an ihm herunter. Er nahm mich in den Arm, und ich wurde von Schluchzern geschüttelt. Er hat nichts gesagt. Er wollte, glaube ich, aber aus seinem Mund kam kein Laut, sein Körper zitterte wie der meine. Dann kam Mama. Sie stieß einen kurzen Schrei aus, dann schmiegte sie sich an uns. Es wurde dunkel. Wir standen aneinandergedrängt im Eingang, ohne uns zu bewegen. Papa wollte uns nichts erzählen. Er ging schlafen.

Am nächsten Tag blieb er liegen. Mama brachte ihm das Essen ans Bett. Dann, an den darauffolgenden Tagen, wurde er langsam wieder zu einem eleganten Mann, rasiert und parfümiert. Sein Frühstück aß er in dem Anzug von früher, der jetzt nur etwas zu weit ist. Er blätterte in den Tageszeitungen, machte wieder Notizen und blickte ab und an wütend zum Fenster, bevor er sich wieder an seinen Schreibtisch setzte, mit seiner scharf umrissenen, sauberen Schrift Briefe schrieb und mich wieder losschickte, um sie einzuwerfen.

– Wir werden weggehen, Bürschi, sagte er eines Abends im Schein des siebenarmigen Leuchters, der nur dieses Mal angezündet war. Du wirst sehen, wir verlassen diese Hölle, und dann werden wir nicht mehr vor den Augen dieses Dreckskerls wohnen.

Nie habe ich ihn so reden hören. Es war der Weihnachtsabend.

1939

Indem ich mich des Juden erwehre, kämpfe ich für das Werk des Herrn.

Adolf Hitler, *Mein Kampf*

BALD BIN ICH FÜNFZEHN. Seit zehn Jahren wohnt Hitler uns gegenüber. Mama hat mir erzählt, als ich klein war, sei er weniger berühmt gewesen als Onkel Lion. Er habe ihm sogar in den Mantel geholfen und ihn auf der Terrasse vom Café Heck, in dem mir mein Vater Zitronenlimonade immer bestellte, mit »Herr Feuchtwanger« angesprochen. In den für Juden heute verbotenen Parks spielte ich mit meinem Reifen und lief den Tauben hinterher. Ich mag es, wenn meine Mutter mich an die Zeit meiner Kindheit in der Weimarer Republik erinnert, vor den Nationalsozialisten, bevor Adolf Hitler Reichskanzler wurde. Deutschland war eine Demokratie, wir waren frei. Als die große Krise hereinbrach und München so arm wurde und man überall Gefahr lief, ausgeraubt zu werden, grüßten uns die Bettler auf der Straße, da sie die Werke meines Onkels kannten. Sie klopften an unsere Tür, und wir teilten uns meine Lieblingsspeise mit ihnen: heiße, knackige Würstchen. Mein Vater war Verleger. Wir gingen morgens zusammen aus dem Haus, mit Rosie, der jungen Frau, die bei uns wohnte und mich liebte wie eine Mutter. Und da sind sie wieder, die Erinnerungen ... Rosie musste uns verlassen, als die Rassegesetzen erlassen wurden. Meine Mutter ging häufig Tennis spielen auf den Plätzen hinterm Haus. Mein Vater arbeitete manchmal im Wohnzimmer. Es kamen Autoren zu ihm, und ich brachte ihnen den Tee. Am Wochenende fuhren wir an herrliche Seen, wo wir uns ein Haus mieteten. Den Sommer verbrachten wir mit der Familie und Freunden. Ja, ich erinnere mich an meine Kindheit ... Oft wurde ich zu Geburtstagsfeiern bei »arischen« Klassenkameraden eingeladen. Früher sagte man nicht »arisch«. Man sagte gar nichts. Es gab keine Unterschiede.

Da wir nicht mehr aus dem Haus gehen, erzählt mir meine Mutter den ganzen Tag Geschichten. Sie schildert mir ihre Jugend und meine Kindheit. Es war lustig, sagte sie. Wenn sie über diese Jahre spricht, lächelt sie wieder, und ich höre lange zu. Ich vergesse die zugezogenen Vorhänge, den grauen Himmel und die SS, die auf dem Gehsteig entlangmarschiert.

Mit meinem Vater ging meine Mutter früher zu Festen, die die ganze Nacht dauerten und von denen sie ein bisschen beschwipst und lächelnd zurückkamen. Es waren verrückte Jahre. Es waren schöne Jahre, sagt sie mir.

– Bayern ist ein wunderbares Land, mein Liebling, mit seinen zwiebelförmigen Glockentürmen, seinen grünen, fruchtbaren Wiesen und Feldern. Eines Tages wird es so sein wie früher.

*

Auf dem Wohnzimmertisch türmen sich die Formulare für den Visumsantrag. Jeden Tag füllen wir neue aus, am Morgen öffnen wir dann die Antwortschreiben. Sie sind alle abschlägig. Das heutige Formular betrifft El Salvador. Lange lese ich den Artikel im Lexikon und stelle mir dabei dieses Land vor, das zwanzig Vulkane besitzt. Vor allem gibt es den Ozean und mehr als 20 Kilometer Strand. Ich habe noch nie das Meer gesehen. Abends bete ich, dass wir von hier wegkommen. Ich flehe den Herrn an, mich nicht zu sich zu rufen, bevor ich nicht den Horizont gesehen habe.

Als mein Vater uns sagt, wir hätten ein Familienvisum für Großbritannien erhalten, habe ich nicht vor Freude geschrien, ich fragte mich vielmehr als Erstes, wie ich dort leben sollte, ohne die Sprache zu kennen. Ich bin es nicht mehr gewohnt, mich zu freuen, und auch jetzt wage ich es nicht. Trotzdem fühle ich so etwas wie Glück. Wir dürfen weggehen. Um das Visum zu bekommen, hat Onkel Heinrich von Paris aus alle Hebel in Bewegung gesetzt. Er hat die Schwestern meines Vaters in Palästina kontaktiert und meinen Onkel Lion in Südfrankreich, und auch meinen angeheirateten Onkel Jakob Reich. Zusammen haben sie die Summe von 1000 Pfund Sterling aufgebracht, die notwendig ist, um dieses Visum zu erwerben. Dank der Unterstützung eines Londoner Vereins und durch die Vermittlung von Onkel Heinrichs Bekannten in der jüdischen Gemeinde Bayerns konnte unsere Akte beim Außenministerium hinterlegt werden. Gerade hat er die offizielle Bestätigung erhalten. Ich werde als Erster fahren, am 14. Februar 1939, das heißt in zehn Tagen, und meine Eltern werden in den darauffolgenden Wochen nachkommen. Ich werde allein quer durch Deutschland und Holland reisen und dann mit dem Schiff den Ärmelkanal überqueren. Mit dem Zug fahre ich dann weiter bis nach London. Der Freund eines ehemaligen Kollegen meines Vaters wird am Bahnhof auf mich warten und mich zu einem anderen Zug bringen. Bis meine Eltern nachkommen, wird mich eine englische Familie aufnehmen. Wie lange ich auf sie werde warten müssen, ist nicht klar. Sie müssen noch den Umzug unseres Eigentums in die Wege leiten und vermutlich auf die kostbarsten Dinge verzichten. Nach den Nazi-Gesetzen gehören sie dem deutschen Volk und nicht den Krummfingern von Juden, die wir sind.

Seit wir die Bestätigung für unsere Abreise nach London erhalten haben, muss ich immer lächeln, wenn am Abend das Licht hinter den Fenstern des Führers angeht. Er weiß nicht, dass ich ihn beobachte, dass ich da bin. Er hat keine Ahnung davon, dass genau ihm gegenüber in zehn Jahren ein Kind herangewachsen ist, das eines Tages Zeugnis ablegen wird. Mein Herz schlägt schnell, als ich am Fenster vorbeigehe. Noch schrecke ich auf in der Nacht, wenn ein Motor aufheult oder wenn in aller Herrgottsfrühe Schritte im Treppenhaus zu hören sind.

Ich sehe mir die Möbel in der Wohnung an, die Türgriffe, die ich nie wieder zwischen meinen Fingern halten werde, die Zierleisten an der Decke, die Schatten, die auf dem Fußboden sichtbar werden, wenn die Sonne ins Wohnzimmer scheint. Wenn ich überlebe, wenn ich fahre, werde ich glücklich sein, das schwöre ich.

Im Wohnzimmer machen meine Eltern eine Bestandsaufnahme der Dinge, die wir hierlassen müssen. Es ist uns verboten, traditionelle Gegenstände mitzunehmen, die heute der »deutschen Nation« gehören. Deshalb muss der siebenarmige Kerzenleuchter meiner Urgroßeltern hierbleiben.

– Das ist doch absurd, sagt mein Vater, es gibt nichts Jüdischeres als das! Wir haben ihn übrigens nur einmal angezündet, dieses Weihnachten, ich frage mich übrigens, warum!

Meine Mutter weiß nicht mehr, wie sie ihn beruhigen soll. Er schreit, es ist das erste Mal, dass ich ihn so sehe.

– Mein Schatz, das ist doch nicht wichtig. Du sagst doch selbst, es ist unnützer Kram.

– Er ist von meinen Eltern. Er war immer um mich, er gehört uns. Was werden sie damit anstellen?

– Vermutlich einschmelzen …

Bei diesen Worten wird mein Vater blass, er nimmt den Leuchter, wirft ihn zu Boden und tritt darauf herum, dabei schreit er:

– Nur zu! Sollen sie ihn doch einschmelzen!

Mama sagt nichts. Der Leuchter ist nur noch ein Haufen Metall. Mama geht auf ihn zu, umfasst ihn mit ihren Armen, legt ihre Hände auf seine Brust und küsst ihn auf den Hals.

Ich bin mit meinem Vater auf dem Münchener Hauptbahnhof. Er trägt meinen kleinen Koffer. Er hat mir einen seiner Anzüge gegeben. Ich spüre, wie der Wind durch die Maschen meines Schals bläst, und ziehe die Schultern hoch. Uniformierte kontrollieren unsere Papiere. Ich habe eine einfache Fahrkarte nach London, einen Reisepass und ein ordnungsgemäßes Visum. Papa hat eine Fahrkarte für die Hin- und Rückfahrt nach Emmerich an der holländischen Grenze gekauft. Ohne eine Miene zu verziehen, lassen sie uns durch. In Gedanken sage ich die wenigen Sätze auf, die ich in den letzten Tagen schnell noch gelernt habe: »*My name is Edgar*«, »*How do you do?*«, »*How old are you?*« und den Satz, den ich, das weiß ich, nie wieder aussprechen muss: »*I am a Jew.*« Ich bin Jude.

Die bayerische Landschaft, die ich hoffe, nie wiederzusehen, fliegt am Fenster vorbei. Kühe sehen dem vorbeifahrenden Zug nach, ebenso wie ein paar Bauern, die, wie ich finde, ein bisschen wie ihre Kühe schauen. Mit Pflügen, auf die sie sich stützen und die von ihren Rindern gezogen werden, bestellen sie ihre Felder. Ihre bäuerliche Tracht erinnert mich, ich weiß nicht warum, an den Führer. Mein Vater sagt nichts. Er sieht nach draußen, meine Hand liegt in seiner Hand, und sein Gesicht, das sich im Fenster spiegelt, scheint mir plötzlich friedlich, und ich meine, in seinen Mundwinkeln einen Funken Hoffnung zu sehen. Unsere Blicke treffen sich. Tränen stehen mir in den Augen. Ich schmiege mich an ihn.

Dann sind wir an der Grenze. Ich begleite ihn bis zur Zugtür. Ein SS-Soldat kontrolliert seine Papiere. Er fragt ihn kurz, warum er Deutschland nicht auch verlasse wie sein Judensohn, wobei er mit hochmütiger Geste auf mich weist. Mein Vater antwortet nicht. Und ich auch nicht. Ich weiß, dass er in seinem Inneren das erste Mal keine Angst hat. Heute haben wir vor nichts Angst. In einigen Tagen werden wir keine Deutschen mehr sein. Niemals mehr.

Papa ist ausgestiegen. Ich bin wieder in mein Abteil zurückgegangen. Auf dem Bahnsteig folgt er dem langsam anfahrenden Zug. Er presst seine Hand gegen die Fensterscheibe, ich lege meine Hand auf seine Hand, wir lächeln uns an, der Zug nimmt Fahrt auf. Und dann verschwindet er, verschluckt von der Nacht.

4. Dezember 2012

VON DIESER LETZTEN REISE habe ich nur die Gerüche in Erinnerung. Das Geräusch des fahrenden Zuges ist aus meinem Gedächtnis entschwunden so wie die Gesichter der anderen Fahrgäste, ihre Stimmen und der Inhalt ihrer Gespräche.

Ich habe vergessen, woran ich dachte, als ich aus dem Land meiner Kindheit fortging und meine Eltern und alle meine Erinnerungen hinter mir zurückließ.

Ich erinnere mich nur noch an den Geruch der Gischt, als der Zug in Hoek van Holland einfuhr.

Heute bin ich neunundachtzig Jahre alt, aber ich rieche sie noch immer.

Es war dunkel.

Ich hörte das Rauschen der Wellen, das sich mit dem des Windes vermischte.

Wir gingen an Bord eines Passagierschiffes. Auf der Schiffsbrücke, in dunkler Nacht, konnte man noch immer nicht das tosende Meer sehen, das ich so ungeduldig erwartete. In der Morgendämmerung dann war es da.

Und ich sah zum ersten Mal den Horizont.

Nachwort

FÜR DIE REVISIONISTEN, die an der Wahrhaftigkeit dieses Berichts Zweifel hegen mögen – man kennt ihre krankhafte Freude daran, alles in Frage zu stellen, was die behandelte Epoche betrifft –, sei präzisierend hinzugefügt, dass nur einige Details, etwa die Witterung, die an gewissen Wintertagen herrschte, während in der Küche eine deftige Wurst gebraten wurde, eventuell Anlass zu Widerspruch geben könnte. Es ist wahr, dass sich Edgar nicht mehr ganz genau an alle Mahlzeiten jedes einzelnen Tages erinnert oder an die jeweilige Temperatur, die draußen herrschte, ebenso wenig wie an das Muster der Krawatte, die sein Vater morgens ausgewählt haben mochte. Diese Dinge entspringen also einer erzählerischen Freiheit. Jedenfalls ein klein bisschen, denn Edgars Gedächtnis ist voller sinnlicher Erinnerungen aus seiner Kindheit in Deutschland. Das Leben von Edgar Feuchtwanger, der zehn Jahre lang vis-à-vis Adolf Hitler gewohnt hat, ist eine Mischung aus Poesie und Schrecknis.

Edgar wurde 1924 geboren. Hitler zog im Jahr 1929 in das Haus gegenüber. Oft sind sie sich auf der Straße begegnet. Es kommt vor, dass Edgar nicht mehr genau weiß, ob es sich um seine eigene Erinnerung handelt oder die seiner Mutter, die ihm so viele Male davon erzählte. Das gilt auch für seine frühesten Erinnerungen. Dann wird alles konkreter. Und, wie jeder andere auch, beginnt er zu unterscheiden zwischen dem, was er selbst gehört und gesehen hat, und dem, was ihm von anderen berichtet wurde oder was er in den Zeitungen von damals oder in Geschichtsbüchern gelesen hat.

Als Edgar fünf Jahre alt war – 1929 –, war Hitler vierzig, also vier Jahre jünger als Edgars Vater Ludwig. Vier Jahre später wurde er Reichskanzler. Aber bereits 1929 gehörte er zu den Hauptgesprächsthemen der Familie, und das gesamte Viertel war darüber im Bilde, dass er am Prinzregentenplatz eine Wohnung beziehen würde. Man sprach viel darüber. Edgars Onkel, Lion Feuchtwanger, damals fünfundvierzig Jahre alt, hatte 1925 sein Buch *Jud Süß* veröffentlicht, in dem er vom Leben der Juden im Deutschland des 18. Jahrhunderts erzählte. Mit diesem Werk wurde er im Ausland zum meistgekauften deutschen Autor. Er war eine der berühmtesten Persönlichkeiten im kulturellen Leben Deutschlands. Der Aufstieg des neuen Nachbarn seines Bruders machte ihm allerdings so große Sorgen, dass er sich entschloss, ihn in seinem nächsten Buch zum Thema zu machen. Das Werk erregte derart den Zorn der Nationalsozialisten, dass Lion nach deren Machtübernahme die Staatsangehörigkeit entzogen wurde. Lion Feuchtwanger befand sich zu Beginn des Jahres 1933 im Ausland und kehrte nie wieder in seine Heimat zurück. Der Aufstieg Adolf Hitlers wurde ein Grund zu höchster Besorgnis für die Feuchtwangers. Edgar wuchs heran, und weiterhin begegnete er Hitler auf der Straße. So erlebte er, wie der Diktator seine Macht ausbaute, sah, wie die Autokolonnen vor dem Haus länger wurden und die Gäste immer berühmter. Während Hitler nichts von dem Kind ahnte, das ihn heimlich beobachtete, wusste Edgar nur zu genau, wer der Nachbar war und kannte auch den nationalsozialistischen Führungsstab, der zunächst in München ansässig war. Denn die Stadt war die Hochburg der nationalsozialistischen Partei. Hier hatte Hitler 1923 seinen Putschversuch unternommen und war gescheitert. Er kam ins Gefängnis und schrieb sein Buch *Mein Kampf*. In München befanden sich der Sitz der Nationalsozialistischen Partei, das *Braune Haus*, die Villa des SA-Führers Ernst Röhm und jene von Hitlers Hausfotografen, Heinrich Hoffmann. Hitlers Lieblingsrestaurant, die *Osteria* in der Schellingstraße, und viele andere Orte, die er frequentierte, waren den Einwohnern der Stadt wohlvertraut.

Die Jahre von 1929 bis 1939 waren höchst ereignisreich und prägten das Leben der Menschen auf radikale Weise. Kaum eine Woche verging, in der Adolf Hitler nicht im Alleingang eine Maßnahme ergriffen, ein Gesetz verabschiedet oder, später, ein Gebiet besetzt hätte. Und nach jeder dieser Aktionen musste sich Edgar auf neue Schikanen einstellen, denn er stammte aus einer jüdischen Familie – auch wenn ihm das erst in dem Moment bewusst wurde, als ihn die Nationalsozialisten bei ihrer Machtübernahme im Jahr 1933 darauf aufmerksam machten. Vor 1935 praktizierten die Feuchtwangers ihre Religion nicht. Sie waren das, was man laizistische und assimilierte Juden nannte. In ihrem Selbstverständnis waren sie Deutsche und, vor allem, ganz normale Menschen. In diesem Sinne wollten sie auch Edgar erziehen. Doch Edgar hatte keine andere Wahl, als sich selbst als jemand zu betrachten, der in Gefahr war, der bedroht wurde. Ab dem 1. Mai 1933, das heißt drei Monate nach Hitlers Machtergreifung, ließ ihn seine Lehrerin Hakenkreuze in sein Schulheft malen. Da war er acht Jahre alt. Somit schildert diese Erzählung den Prozess einer Bewusstwerdung – wenn nicht seiner eigenen Identität, so doch jener Identität, die andere ihm zu geben beschlossen hatten, das heißt vielmehr *ein* anderer – in diesem Fall sein Nachbar von gegenüber: Adolf Hitler.

Als Edgar Deutschland acht Monate vor Kriegsausbruch verließ, war er vierzehn Jahre alt. Zehn Jahre lang hatten er und Hitler einander gegenüber gewohnt. Das sind 3600 Tage und Nächte. Wie oft mochte er sich beim Zubettgehen die Frage gestellt haben, ob Hitler schon schlief, und, ob er schon aufgestanden war, während sie morgens frühstückten, und welchen neuen Irrsinn er an diesem Tag ersinnen mochte. Diese Jahre, Edgars Jugend, waren geprägt von Fragen wie: Ist er da? Was macht er? Will er uns töten? Wird er uns töten? Warum? Warum uns? Warum mich?

Das erste Mal begegnete ich Edgar Feuchtwanger im Jahr 1995. Heute haben wir 2014. Es ist also neunzehn Jahre her. In der britischen Tageszeitung *The Independent* war ein kurzer Artikel über ein jüdisches Kind erschienen, das zehn Jahre lang, von 1929 bis 1939, gegenüber von Hitlers Haus gewohnt hatte: Edgar Feuchtwanger. Ich war damals Reporter beim französischen Magazin *VSD* und rief den Chefredakteur an, der mir die Telefonnummer der Autorin besagten Artikels gab: der Tochter von Edgar Feuchtwanger, Antonia. Sie wollte den Kontakt zu ihrem Vater herstellen, und einige Minuten später waren wir für das folgende Wochenende bei ihm verabredet.

Ich ging mit einem Fotografen hin, Nicolas Reynard. Wir sprachen miteinander beim Tee, den uns Edgars charmante Frau Primrose servierte. Edgar erzählte uns von seinem Leben in München gegenüber Hitlers Haus. Vom Leben der Juden im »Dritten Reich«. Von seiner Familie. Er beschrieb uns Hitlers Auftreten, aus seiner Perspektive, der eines Kindes. Er erinnerte sich an Personen wie Ernst Röhm, Neville Chamberlain, Benito Mussolini und andere, die während dieser zehn Jahre vor seinem Haus vorbeikamen. Er zeigte uns seine Schulhefte voller Hakenkreuze. Nicolas machte ein Schwarz-Weiß-Foto von Edgar hinter seinem Fenster. Dann fuhren wir wieder ab. Seither ermutigte ich Edgar Feuchtwanger immer wieder, seine Erinnerungen zu Papier zu bringen. Aber er ist Historiker: Aus seiner Sicht als Wissenschaftler lohnt es sich nicht recht, das Leben einzelner unbekannter Menschen zu erzählen. Außerdem gab es noch so viele andere Bücher zu schreiben! Die Zeit verging. Noch immer wollte er nichts zu Papier bringen. Wir blieben in Kontakt und telefonierten gelegentlich miteinander oder schrieben uns Briefe und E-Mails. Hin und wieder sprachen wir über Skype.

Bei unserer ersten Begegnung war Edgar siebzig Jahre alt, ich war fünfundzwanzig. Jetzt ist er neunundachtzig und ich bin dreiundvierzig. Nicolas Reynard kam bei einem Flugzeugunglück ums Leben. Primrose ist vor kurzem verstorben. Er beginne, sich Fragen über die Ewigkeit zu stellen, sagte mir Edgar. Die Zeit war gekommen, um dieses Buch zu schreiben. Also haben wir uns auf Spurensuche begeben – nach dem München seiner Kindheit. Bevor alles ausgelöscht wird. Alles verschwindet. Gerade noch rechtzeitig.

Bertil Scali

Was ist aus ihnen geworden?

Erna und Ludwig Feuchtwanger, die Eltern von Edgar, konnten Deutschland nach seiner Abreise im Mai 1939 verlassen, einige Monate vor dem Einmarsch der deutschen Truppen in Polen am 1. September desselben Jahres. Es gelang ihnen, sich die erforderliche Ausreisegenehmigung zu beschaffen. Nach einem Halt in London trafen sie ihren Sohn in Winchester wieder, wo sie sich niederließen und einen Teil der verloren gegangenen Welt wiederaufbauen konnten – in einem fremden Land, dessen Sprache sie nicht beherrschten. Nur achtzehn Monate nach seiner Freilassung aus Dachau wurde Ludwig erneut inhaftiert, dieses Mal auf der Isle of Man. Und diesmal nicht, weil er Jude, sondern weil er Deutscher war. Nach einem alles in allem einigermaßen komfortablen Aufenthalt – verglichen mit den Bedingungen in der deutschen Haft, die er nur wie durch ein Wunder überlebt hatte –, kam er frei und konnte zu seiner Familie zurückkehren. Nach einem Neuanfang zunächst als Privatlehrer für Deutsch, dann als Berater bei der US-Army und Beauftragter für den Schriftverkehr des »Dritten Reichs«, starb Ludwig im Alter von einundsechzig Jahren. Erna lebte bis 1979 zufrieden in der Gemeinde von Winchester. Sie bereitete weiterhin schmackhaftes deutsches Essen in ihrem alten Kochtopf zu, einem wahren Wunderding, das sie um nichts in der Welt den Nationalsozialisten überlassen hätte. Noch immer wird der gusseiserne Topf hin und wieder auf Edgars Herd eingesetzt. Der Geruch, der den Raum im Winter erfüllt, lässt keinen Zweifel an den Geschmacksvorlieben seines Bewohners.

Lion Feuchtwanger wurde von der französischen Polizei verhaftet und im Lager Les Milles interniert. Eine Auslieferung an die Nationalsozialisten stand bevor. Dank der Intervention des amerikanischen Konsuls in Marseille und dem beharrlichen Engagement von Eleanor Roosevelt kam er wieder frei. Er emigrierte in die USA, wo er seine Schriftstellerlaufbahn in Pacific Palisades fortsetzte, das zu einem Zentrum deutscher Exilautoren wurde. Seine Freunde, allen voran Bertolt Brecht, Thomas und Heinrich Mann und Franz Werfel, trafen sich hier regelmäßig. Lion Feuchtwanger starb 1958. Seine Frau Marta pflegte eine umfangreiche Korrespondenz mit Edgars Mutter und lud ihren Neffen zu sich ein. Sie starb 1987.

Fritz Feuchtwanger kam ebenfalls am Vorabend des Weihnachtsfestes von 1938 aus Dachau frei. Mit seiner Frau **Erna** konnte er im letzten Moment nach Cuba fliehen, später emigrierte er in die USA. Auch **Franziska Diamant** und ihrem Mann gelang es, am Vorabend des Krieges zu entkommen. **Onkel Berthold**, der immer alles etwas anders gemacht hatte, nahm gerade noch rechtzeitig ein Schiff nach Ecuador. Edgars Halbschwester **Dorle** verbrachte ihr ganzes Leben in der Schweiz. Aus erzähltechnischen Gründen wurden einige Aspekte ihres Privatlebens hier abgewandelt dargestellt. Dorles Mutter, **Tante Lilly**, überlebte ebenfalls den Krieg, zunächst in Berlin, später dann in einem kleinen bayerischen Dorf.

Bella Feuchtwanger, Edgars Tante, die so glücklich gewesen war, dass sie mit ihrem tschechoslowakischen Pass frei im Deutschland des »Dritten Reichs« umherreisen konnte, wurde während der deutschen Besetzung Prags von den Nationalsozialisten festgenommen und nach Theresienstadt deportiert, wo sie starb.

Beate Siegel, Edgars Freundin aus Kindertagen und Tochter eines der ersten Juden, die 1933 öffentlich misshandelt wurden, indem man ihm ein Schild mit der Aufschrift »Ich werde mich nie mehr bei der Polizei beschweren« um den Hals hängte und auf den Straßen Münchens zur Schau stellte, konnte Deutschland dank eines britischen *Kindertransports* verlassen. Ihre Eltern und ihr Bruder Peter Siegel entkamen 1940 nach Lima in Peru, wo Michael Siegel Rabbiner wurde. Beate lebt heute in London, gelegentlich auch in Südfrankreich, in der Nähe von Toulouse, wo sie die Manuskriptentwürfe für dieses Buch durchgesehen hat.

Bobbie Heckelmann, »Tante Bobbie«, und der Herzog Luitpold in Bayern, die keine Juden waren, sind in Deutschland geblieben. Sie haben den Krieg überlebt. Edgar und seine Mutter sahen Tante Bobbie 1957 wieder. Zusammen besuchten sie die Oper in Salzburg. Edgar erinnert sich, dass die noch immer sehr mondäne Tante Bobbie in Begleitung einer Prinzessin von Sachsen-Coburg-Gotha gewesen sei. Ihre Schwester **Friedl**, die den aus Hannover stammenden Industriellen **Hermann Wolff** geheiratet hat, überlebte ebenfalls. Edgar besuchte das Paar im Jahr 1966. Hermann, der in seinem Unternehmen jüdische KZ-Häftlinge beschäftigt hatte, wurde nach Kriegsende verurteilt. Bei dem Treffen 1966 habe Hermann Wolff, so Edgar, die unglaubliche Energie Adolf Hitlers gepriesen, so als wolle er sich in irgendeiner Form rechtfertigen. Der peinliche Monolog sei durch ein noch peinlicheres Schweigen beendet worden. Friedls Tochter **Arabella** lebte in New York.

Edgar hat nie erfahren, was aus seinem Kindermädchen **Rosie** geworden ist, das sich liebevoll um ihn kümmerte, ihn in den Schlaf wiegte, in den Park und später in die Schule begleitete – seine gesamte Kindheit über. Sie musste die Familie verlassen, weil es »Ariern« verboten war, für »Juden« zu arbeiten. Die Figur Rosies wurde für dieses Buch fiktionalisiert, um bestimmte politische, religiöse und gesellschaftliche Zusammenhänge zu verdeutlichen – zum besseren Verständnis der Zeit. Auch über den Verbleib des stets gut informierten Hausmeisters, Herrn **Funk**, weiß Edgar nichts. Dies gilt ebenso für seinen Klassenkameraden **Ralph**, der ihn zum Geburtstag eingeladen hatte, kurz bevor Hitler Reichskanzler wurde, und plötzlich einen Unterschied zwischen jüdischen und »arischen« Kindern gemacht wurde.

Die Familie **Ernst Bernheimer** samt Enkeltochter **Ingrid** konnten 1941 nach Cuba emigrieren, das einzige Land, das sie aufzunehmen bereit war. Sie hätten Deutschland schon sehr viel früher verlassen und etwa in die USA gehen können, was naheliegender gewesen wäre. Ingrids Mutter jedoch hatte einen an Trisomie leidenden Bruder, den kein Land aufnehmen wollte. **Karlie** wäre der nationalsozialistischen Euthanasie zum Opfer gefallen, wenn sie nicht noch im letzten Augenblick nach Cuba hätten ausreisen können. Andere Mitglieder der Familie **Otto Bernheimer** überlebten, indem sie Hermann Göring bestachen – sie verkauften ihm für eine lächerliche Summe Meisterwerke und erwarben in Venezuela eine Ranch für die Tante des Reichsmarschalls, die mit einem Juden verheiratet war … Aber das ist eine andere Geschichte!

Acht Monate nachdem Edgar abgereist war, gab **Adolf Hitler** seinen Truppen den Befehl zum Einmarsch in Polen. Dieses Mal jedoch hielten sich Frankreich und Großbritannien an ihre Verpflichtungen und Bündnisse und erklärten Deutschland den Krieg. Es brach ein Weltkrieg los, der fünfzig Millionen Menschen das Leben kostete. Im Laufe des Krieges und zum Teil mit Hilfe von Kollaborateuren in den Ländern, die sie besetzten, verfolgten die Nationalsozialisten brutal ihre antisemitische, rassistische Politik, infolge der sechs Millionen Juden, mehrere Hunderttausend Sinti und Roma, Tausende von Homosexuellen und andere Minderheiten getötet wurden. Die Alliierten trugen am Ende den Sieg davon, und Hitler beging in einem Bunker in Berlin Selbstmord. Für eine Reportage von David E. Sherman für das Magazin *Vogue* posierte die amerikanische Fotografin Lee Miller einige Zeit später nackt in Hitlers Badewanne – gegenüber von Edgars ehemaliger Wohnung. Hitlers Wohnung in München wurde nach dem Krieg in ein Polizeikommissariat umgewandelt. Nichts weist darauf hin, dass er hier einst gewohnt hat.

Edgar Feuchtwanger lebt nach wie vor in der Ortschaft Dean bei Winchester in der Grafschaft Hampshire, in die er wenige Monate nach seiner Ankunft in Großbritannien gezogen ist, am 15. Februar 1939. Damals wurde er von einer Familie aus Cornwall aufgenommen, Malcolm und Beryl Dyson – ganz wunderbare Menschen –, die damals beide um die dreißig waren und zwei Kinder im Alter von drei und fünf Jahren hatten. Sie brachten Edgar innerhalb weniger Monate Englisch bei. Im September 1939 erhielt er ein Stipendium für das Winchester College. Nach dem Krieg studierte er an der Universität Cambridge Geschichte. Später lehrte er dieses Fach und publizierte diverse Bücher, wobei er sich vor allem mit dem Viktorianischen Zeitalter, der Geschichte Preußens und dem Werdegang der britischen Premierminister Disraeli und Gladstone beschäftigte – und natürlich mit der deutschen Geschichte des 20. Jahrhunderts. 1962 heiratete er eine junge Engländerin – Primrose –, deren Vater einer der Generäle war, die 1944 in der Normandie landeten. Edgar ist heute neunundachtzig Jahre alt, Vater dreier Kinder und Großvater von drei Enkeln. Er wurde mit dem Bundesverdienstkreuz ausgezeichnet.

Dieses Buch wurde in München, Paris, Winchester und London auf der Grundlage von Edgars Erinnerungen und den in Deutschland bei Duncker & Humblot erschienenen Familienmemoiren (*Erlebnis und Geschichte: Als Kind in Hitlers Deutschland – Ein Leben in England)* geschrieben. Einbezogen wurden außerdem zahlreiche Zeitdokumente wie etwa Ausgaben von *L'Illustration*, *Paris-Match*, *Paris-Soir*, audiovisuelle Dokumente wie Nachrichtensendungen aus Deutschland, Frankreich, Großbritannien und den USA sowie die Werke von Lion Feuchtwanger, hier vor allem *Jud Süß* und *Erfolg* – sowie das Werk seines Konkurrenten in den Buchhandlungen der damaligen Zeit, *Mein Kampf*.

Die französische Originalausgabe erschien 2013
unter dem Titel *Hitler, mon voisin. Souvenirs d'un enfant juif*
bei Éditions Michel Lafon.
Die deutsche Ausgabe ist in enger Abstimmung
mit dem Autor entstanden.

MIX
Papier aus verantwortungsvollen Quellen
FSC® C014496
FSC
www.fsc.org

Verlagsgruppe Random House FSC® N001967
Das für dieses Buch verwendete FSC®-zertifizierte Papier
Munken Premium Cream liefert
Arctic Paper Munkedals AB, Schweden.

Erste Auflage
April 2014

Umschlaggestaltung: Rothfos + Gabler, Hamburg
Lektorat: Dr. Heike Specht, Zürich
Satz: Ditta Ahmadi, Berlin
Druck und Bindung: GGP Media GmbH, Pößneck
Printed in Germany
ISBN 978-3-8275-0038-0

www.siedler-verlag.de